合気流浪

バウンダリー叢書

炭粉良三

合気流浪

フォースに触れた空手家に蘇る
時空を超えた教え

AIKI RUROH

海鳴社

運命の中に偶然はない。人間はある運命に出会う以前に自分がそれを作っているのである。

（アメリカ合衆国第28代大統領トーマス・ウッドロー・ウィルソン）

はじめに

私は、『合気解明 ── フォースを追い求めた空手家の記録』及び『合気真伝 ── フォースを追い求めた空手家のその後』（共に海鳴社、二〇一〇年）にて、保江邦夫先生と初めてお会いしてからその合気の技を二度にわたって受け、驚きと共に「何故ああいった現象が起こるのか」を必死に考え、自分なりに説を立てて仲間達と共にその稽古に入り、ある程度の結果を出せるまでを描きました。

即ち……。

保江先生との合気上げや突き倒し、そして実戦形式のスパーリングを通して、合気とは……我々が普通「今」と考えている時間を認識させている我々自身の意識に先行する、真の「今」を司る本体（「魂」とでもいうべきか）からの働きかけで身体を動かすとき、その魂が相手の魂とリンクし、通常の意識がたとえどうあれ、不可思議なシンクロ現象を起こしてしまうのだという説に基づき、では一体どうすれば自分の動きを魂からの動きに切り替えることができるのかを、仲間達と共に模索してきたのです。

私達は、保江先生の編み出された冠光寺眞法の稽古生です。ですから、その方法論は保江先生説かれるところの「愛」でなければなりません。

ところで、その稽古生という立場を離れて、純粋な研究生という立場をもって発言を許されるなら、自らの動きを魂に直結させるための方法論は、他にも存在するかもしれません。事実、稽古をしておりますと、その技の種類によって異なる「やり方」などが発見されてきもします。だがこれはあくまでやり方であって、原理ではない。何故なら、原理は一つでなければならない。さらに、やり方ということは、身体の動かし方のことですから、それを意識するということはとりもなおさず意識からの動きとなってしまい、魂からのそれではなくなってしまうという矛盾を生んでしまいます。これは、稽古生にその矛盾が起こったという意味ではありません。

私に、起こったのです。

それがどういう形で起こってしまったかは本編を読んでいただくとして、私は自分への反省からある行動を起こし、このたびの文章を認めたのでした。

しかし考えてみますと、合気というものを稽古によって完全に身につけてしまうまでは、私のような失敗は誰にでも起こり得るものであるとも思いました。その点を、保江先生もお感じになったのでしょう、今回の私の文章も出版しようとの御指示が先生からなされたのです。そこで、合気を稽古研究される方々にできるだけ分かりやすく訂正／加筆して、本書は出来上がりました。

保江先生の『合気開眼——ある隠遁者の教え』（海鳴社、二〇〇八年）にも書かれているように、合気とは、どうやらそれが「できだしたぞ」という時点が最も危ない。「夢よ、もう一度」と、ついついできたときの感覚を思い出そうとするからです。そして、できなければますます「こんなはずではなかった。この前は一体どうやったんだ」となってしまいますが、「思い出す」という行為は「意識」の行為であることを忘れてはなりません。

そこに合気は、ありません。

魂からの動きに委ねることができたからこそ、あのとき私達は隠遁者様・エスタニスラウ神父と同じことができたのです。

とはいえ、その原理を「魂＝愛」としたままでは、これまた漠然としてしまう。第一、「愛」という言葉の定義にしてもあまりに様々なのです。ですから、そのままでは全く雲をつかむような話となってしまい、よほど天性の素質ある者でなければつかめないことになってしまいます。

合気が発見されたとき、その発見者がそれを修練により反復可能にできたのは、上記とは矛盾するように聞こえるかもしれませんが、やはりそれが何らかの「やり方」であったことを物語っています。


「やり方」ではないが、「やり方」。

「愛」など訳が解らないが、「愛」。


この禅問答を、どう悟るか……。

合気修得は、それにかかっていると申せましょう。

この失敗・流浪談が、どうか（もちろん、いまだに迷う自分も含めてですが）皆様のお役に立ちますように。

もくじ

本文イラスト（後日談）＝川畑啓子
（後日談以外）＝著者

前著（『合気解明』『合気真伝』）までのあらすじ

武術の最高極意・合気を全否定していた空手修行者である著者は、平成二十年三月と七月に『合気開眼』の著者である保江邦夫先生と出会い、驚きと共に合気の実在を知る。その後の考察で、この不可解なる合気とはどうやら我々の脳の機能上の問題、即ち物事が本当に起こっている「今」をタイムギャップなしに認識できないことを突く業（技）と睨む。しかし相手に触れることなく業をかける種類の合気には依然納得できない。その頃、妻の気転で自分とは何の接点もない著名人一人を選び、運命や人を動かし会えるかどうかを試すという実験に成功した著者は、非接触合気が予定調和と原理的に同じなのではないかと思い至る。

一方で、その合気を武術の技に通すべく、関西方面の保江先生門下の方々と共に神戸稽古会を立ち上げ、天才肌の門下生、浜口隆之・畑村洋数両氏の協力の元、保江先生が合気を悟る際に重大な啓示を与えられた隠遁神父エスタニスラウの技に肉薄、ついにそれを成功させる。

悲願成就、この上は職業である活法にも合気を通すべく、ますます稽古に励もうと意気込む著者だったが……。

第一部

その一　リトルドール

平成二十二年五月。爽やかな新緑と薫風に包まれた六甲山系最東端、芦屋。その東隣、西宮では、この山系はもはや丘となり、やがて甲山を最後に姿を消す。芦屋から西宮にかけての山麓には、神戸と同じく数々の豪邸や高級マンションが点在している。一般に、夜景といえば六甲山頂から下界に広がる阪神間の街の灯の光景を指すが、逆に浜側から見れば六甲山系の麓から中腹へと伸びるこれらの建物が放つ光の帯もまた、美しいものだ。

その日はほぼ、芦屋在住の患者への往診に終始した。患者といっても何も深刻な病状の方々ではなく、一人暮らしのお年寄りへの御機嫌伺いのようなものばかりだった。初夏の太陽にキラキラと輝いていた山の木々の新緑も、やがて夕暮れの静寂の中にその色の明度を落とし、夜のとばりが降りる頃には漆黒の山影へと変化するが、先ほども申し上げたとおり逆の夜景を作る立役者、家々やマンションの灯がポツポツと点ってゆく。

何とも平和な風景の中に、自分はいた。先に著した『合気真伝』が無事脱稿したこともあり、私の心は穏やかだった。

さて、そんな芦屋の六甲山麓に、リトルドールというスナックがある。仕事も終わり、その平和な気分の赴くままに、リトルドールに足が向いた。ここにときたま寄るようになって、ちょうど二年ほどになるか……。

何度かこの街を往診するようになって、ある日気づいたのだ。患者が待つ山手のマンションに向かう坂道を歩いていくうち、とある三叉路の際に……二つの居酒屋らしき店に挟まれる形でひっそりと佇む、この小さなスナックに。そして何故だか、心引かれた。御経験ある方もおられよう、外からは中の様子が見えないこの手の店に自分一人で入るのには、いささか勇気が要る。だが、ある日、意を決して飛び込んだ。すると……。


「いらっしゃい！」

女性にしては野太い声で、迎え入れられた。細く、長身、そしてボブヘアのママ。

「お、きれいな人！」

その瞬間、思った。

客はまだ誰もいなかった。そして彼女のその「いらっしゃい」があまりにタイミングよく、私はスルスルと何の躊躇もなく店内に入ることができたのだった。以来、この街に来れば時間が許す限りここに通うこととなる。今ではすっかり常連客にも顔を覚えてもらえた。

実は、この店に関してはもう一つ秘めたるエピソードがある。昨年二月のこと、前著にも書いたように「見えざる神の一回転」の発見に伴い東神戸の寿司屋富万にて浜口隆之氏と会合を持った後、急に凄まじい恐怖感に襲われたときのことだ。前著では、その後とある喫茶店に飛び込んで徐々に不安が遠退いたと書いた（『合気真伝』67頁）。むろん嘘ではないが、実はまず飛び込んだのは、このリトルドールだったのだ。そしてここのママと話し込むうち、いくらか平静さを取り戻せたらしかった。「らしかった」と書いたのは、実はこのときの記憶があまりないからである。つまり、それほどに酔っていたし、酔わずにはいられなかったのだ。

ただ、そんな状態の中で次の会話だけはよく覚えている。この不安を少しでも解消するためには、今自分が思ったり感じたりしていること一切を文章にして殴り書き、岡山の保江邦夫先生に送り付けて意見を聞くしかないが、そんなことをしたら先生はたいそう驚かれるに違いない……と独り言のようにいう私にママが「好きなことを好きに書いたらええやない」といってくれたことだ。そしてその一言に何か吹っ切れた私が狂ったように書いたのが「合気私考」（後の処女作『合気解明』第一部）なのだ。だから、もし彼女の一言がなければ、私に一連の著作はなかった。その意味で、彼女こそライター炭粉良三を産みだしてくれた母のような存在といってもよかろう。

そしてその執筆にまさにうってつけの落ち着いた空間を提供してくれたのが、あの喫茶店である。その翌日に、偶然見つけた。そしてこれら両店はこれまた偶然にも近い場所にあって、地元の常連客にいわせれば両方のママ同士はまるで姉妹のように雰囲気が似ているとの評判だと、後で知った。私も同感であり、今でもどちらにいるのか頭が混乱することもあるくらいだ。いずれにしても、私の合気シリーズには不可欠な店なのだ、どちらも。

リトルドールに入ると、常連客はまだ来ていなかった。ママとサシで他愛もない話をしながら、焼酎を飲む。

「しかしこの前は驚いたなあ。まさかノブさん（常連客の一人）が宝蔵院流槍術の目録巻物を持ってたなんて……」

「あの人は御先祖がお武家やからねえ」

「彼の御先祖がかの有名な宝蔵院流の目録者だったわけか。なんせ宝蔵院流といえば、あの宮本武蔵と唯一人引き分けた天才・胤瞬《いんしゅん》を輩出した流派やからなあ！」

そう、この一件には私も驚いた。確かにその目録の写しを彼から見せていただいたからだ。しかし炭粉良三行くところ、必ず武術の影が忍び寄ってくるんだなあ……などと感慨にひたりながらも、芦屋の夜はふけていく。

嗚呼、自分は今、幸福なのか。

保江先生のお力添えで本を二冊も上梓できたばかりか、念願の神戸稽古会まで立ち上げることができた。後は合気修得に向かって、浜口・畑村両氏の指導の下、修行に励めばよいだけだ。しかし、幸福なはずの自分の心の奥底から、何かが動こうとしている気配を、ほのかに感じた。そしてそれは、ある種の破壊願望にも似たものだった。

その一　リトルドール

その二　待ち望んだ依頼

全てが順風満帆に思えた。そんな日々がしばらくの間、続いた。

ある日、女性の患者の一人から相談を受けることになった。聞けば、自分の古くからの友人がどうやらパーキンソン病の疑いがあるとのことだった。

パーキンソン病！　この病の治療依頼がくるのを、どれほど待ち望んだことだろう！

保江先生に師事しておよそ二年、その中で見つけた合気による治療原理をとおして一つ確立できたのが、女性の鬱病治しだった。合気上げを用いて筋肉運動を司る快楽ホルモンといわれているドーパミンを、強制的に出させるのだ。このとき、合気上げを行う前に経絡（各臓腑に由来する気の流れ道）でいう「足の陽明胃経」を、気の流れる方向を遵守しながら指で刺激しておくのがコツだ。さらに付け加えるなら、このときに用いる合気上げは冠光寺眞法による「相手を立たせてしまう」合気上げでなければならない。一般にいわれている合気上げ、つまり相手の腕だけを上げるものだと意味をなさない。何故ならそれではドーパミンが出る運動量ではないからだ。

むろん初めはピクリとも上がらないことが多いが、そのうちに腰が浮きだし、やがて立ち上がるようになる。このときに鬱病はほぼ、治っていると考えてよいだろう。ただし、初めのうちは上がらないのは、患者の病根が深いためなのか、それとも自分の技が未熟なのかは分からない。何せ冠光寺眞法の理合は至難。上がるときには巨漢でも割り箸で上がるというのに、上がらないとなれば体重四十キロにも満たない嫁が上がらないのだ。

ところでこの胃経だが、私が今までに読んだ東洋医術の本の中に『簑内宗一教伝　武道経穴鍛錬法』（森庸年著、砂書房、二〇〇三年）という一風変わった本があり、その内容は非常に興味深いものだった。武道と治療の両立場から東洋医術の基本である経絡と経穴（いわゆるツボ）について書かれている。そしてそれによれば、胃経に起こる異常は精神の不安定に繋がるとある。精神の安定・不安定を司るのは、一般に脳の役目であろう。ということは、この経絡を正すことで、脳に何らかの治療作用があるのではないかとも考えられる。

そうなのだ、実際。

ここで、私の第一作目の著書『合気解明』にて言及しながらも詳しくは語らなかったエピソードを一つ、ご披露しよう。須田正美さんを覚えておられるだろうか。そう、癌で御主人を亡くされた悲劇のヒロイン（『合気解明』120頁）。しかしその方あってこその「昭和町ドリーム」成就だった。彼女なしには、あり得なかった。ところで彼女との御縁は、そもそもある病気にかかられ入院中の彼女に「おまじない」として治療を施すと、手術数日前にしてその必要がなくなり無事退院となったことだと書いた。その病気とは、脳腫瘍である。このとき、まさかこんなことでよくなるとは思わなかった私は、本当におまじないとして両足の胃経を数回指で辿っただけだったのだ。

その後よく考えてみれば、確かに直立歩行という物理的にも超ウルトラCをやってのける人間は、おそらくそのために脳に綿密なる足のコントロールシステムがあるのだろうと（素人考えだが）思うようになった。それゆえ、足を刺激することで逆に脳にも影響を与え得るのではないかと考え、自分なりに納得した。松尾芭蕉が旅に出る前に必ず灸を据えたという健脚のツボ「三里」は、この胃経上のツボなのだ。足がしっかりするということは脳も健全ということなのだろう。ただし、足に経絡が走るのは何も胃経だけではないのに、という疑問はなお残るが……。

パーキンソン病……鬱病と発生原因は違うが、共にドーパミンが出なくなることで症状が現れると聞く。ならば、この冠光寺流合気上げで強制的にドーパミンを出させれば治るはず。心秘かに、そう考えてきた。願ってもないチャンス！　この上は喜んでその方の元を訪れ、技を、理合を試したい！

その旨お伝えすると「こちらこそ願ってもないこと。さっそくお願いしたい」との依頼をいただいた。いざ（実はこのとき「治療編」の執筆を同時に開始した。この様子を克明に記録し、パーキンソン病治しの技法を確立したいとの願いからだったのだが……）！

その三　気配

いよいよそのパーキンソン病患者に対する初回往診の日がやってきた。

お会いすると、確かにすでにかなり体が動かし辛そうだった。そこでまず全身の筋肉をほぐすことにする。これに約二十分ほどが必要だった。

さて、ここで合気上げの出番である。今まで多くの女性の鬱病治しをしてきた経験から、これは相当上げ辛いだろうと予想した。この女性は非常に細い方で、おそらく体重は決して重くはないはずだ。しかしいうまでもなく、冠光寺流合気上げは体重とは関係がない。合気が無事かかれば、相手は自分で立ち上がってくれるからだ。上がらないとなれば子供でも上がらない。はたして……。

「わあーーッ！　何ですかコレ？」

「えッ……」

それが、見事に上がってしまったのだ、初回から。私の方が驚いた。

「凄い！　何ということだ！　初めからこんなに上がるとは、きっと治りも早いですよ」

私も嬉しくなって、そう答えた。これでかなりのドーパミンが出たはず。かくなる上はこれからもバンバン上げて差し上げよう……意気揚々と、その患者宅を辞した。

一方、神戸稽古会の行動も形になってきた。前にも述べたが、ほとんどが武術をやっている（それも有段の）者達の集まりなのだ。その集まりが全員合気を目指して稽古をする。しかも皆さん保江先生の合気をすでに知っているのだから、話は早い。

そして毎回の稽古の中からも、そのつど新しい発見がある。それを体系化できれば、合気に至るための道筋ともなろう。そうなれば、この稽古会を、合気を求める不特定多数の方々に開放することも夢ではない。

さて、いつからか、そんな稽古会の中から「一度保江先生をお招きしよう」という意見が出始めた。これは大変意義深いことだと私も思った。保江先生門下の冠光寺眞法の稽古は今のところ、岡山の野山道場とここしかない。岡山ならいつも先生がいらっしゃるわけだからよいとして、一度こちらにお出ましいただき、先生から手解きを受けることができれば、それは稽古会がやがて名実共に冠光寺眞法の支部に成長するための布石となる。

そこで私はメンバーの皆さんに「その際の道場は是非件の神社にしましょう」と提案した。そここそ二年前の三月、私達夫婦が初めて保江先生の合気を受けた場所だったからだ。しかもそこだと稽古後の宴会に例の寿司屋・富万が使える。

その私からの提案は皆さんに受け入れられ、私が幹事をすることになった。

「あれから二年か……仲間も増え、本当に形になってきたなあ！」

下見に神社境内を訪れたとき、感慨深くそう思った。神社におわす神よ、どうか我々を守護下さい。帰り際に賽銭を投げ、柏手を打って瞑目する。僅かに、風がそよぐ。神社の森の木々が、何かを語った気がした。

ん、何だろう？

この感覚は感慨では、ない。しいていえば、リトルドールで飲んでいたときと同じ心持ち。

何故だろう？

その四　パーキンソン動かず

二か月ほどが過ぎた。
私の往診ペースは、椎間板ヘルニアなどのようにある程度日をつめて連続治療する必要のあるものを除き、週に一度である。だから件のパーキンソン病患者への訪問治療も、すでに九回を数えていた。

「おかしい……何故、病状が好転しないのだろうか」

内心、焦っていた。
普通鬱病の場合、今までの経験上、十回（つまり約二か月強）で必ず治っていた。それも八回ほどでもうほとんど治り、後の二回はアフターケアという感じだった。しかし、このパーキンソン病患者の場合、一向に病状が変化しないのだ。もっとも、鬱病とパーキンソン病とを同列で考えるなどできない相談だ。それにことによると、病状が変化しないということは、その病の進行を止め得ているということなのかもしれない。しかし、たとえそうでも、それではイタチごっこであって快方に向かうことにはならない。

そう、私は焦った。何故なら…合気上げだけはいつもパーフェクトだからだ。その女性患者につかまれた腕を少し上げるだけで、彼女は「わあー！」と声を上げて立ち上がる。つまり、ドーパミンはふんだんに出ているはずなのだ。なのに、何故？　何故変化しない?!

「治療編」の執筆は、完全に止まってしまった。

そういえば最近では、昔のように難病奇病を診る機会がとんとなくなっていた。元々そういった種類の病気が私の治療術で治った患者は、大概その後も「心配だから」と治療の継続を願われる。私も仕事ゆえに決してそれを断ることはないが、しかしそうなれば彼らに対する施術は単なるマッサージ的なものとなってしまう。確かにこちらも楽であるが、しかしそんなことばかりをしていると腕が錆びついていくことは、容易に想像がつく。ことによれば、それが原因なのだろうか。しかし依頼を受けたからには、必ず何とかしなければならない。効かなかった、では、すまないのだ！

「少し、浮かれ過ぎていたのかもしれない」

フンドシを、締め直さなければならない。

そう反省もし、根性を入れ直そうと自分の通う空手道場に向かった。ちょうどその日の往診も終わった。久し振りに組手に励もう。

ところが……。

その五　錆びついた技

道場にて入念に体をほぐし、そして組手が始まった。

有段者同士が、まず組む。お互いに構える。そして間合いを詰めて、俄然打ち合う！

そのとき、ふと思った。

「そうだ、人知れず、合気モードに入ってみよう。それで相手が転がれば『スリップスリップ、気にしないで』とでもいえばよい」

そして、フッと我を抜いた……。

このときの衝撃を、私はおそらく一生忘れないだろう。ドンッと相手の中段右逆突きが、腹に突き刺さった。

「グッ！！」

相手にもよい手応えがあったのだろう、さらにコンビネーションを叩き込んでくる

「チィーッ！」

絶対にやってはいけないこと、それは後退！　しかし、一度下がって間合いを調節するしか、なかった。直ちに合気モードを解き、間合いを詰めて左インローから左右ワンツー。そこで両者足を止めての打ち合いとなり、時間。

「危なかった……」

と、思った。

相手は順番にグルグル回る。

とにかく間合いをできるだけ詰めること。左右ローから突きの打ち合い、フルコンの定石を守ろう。ところが、このとき、またしても思った。合気モードをもう一度試してみようと。が、その瞬間！　ゴウッ、と道着が風を纏う音と共に、その相手の左上段廻し蹴りが私の右コメカミを襲った！

私の様子がおかしいと気づいたのか、ピタリ…と、彼は蹴りを止め、振り抜くことなく足を戻して、そしていった。

「どうしたのですか。入ってますが」

いわれなくても、分かっていた。防御すら、できなかった。

「俺は…俺は、いったい何をしているんだ！　いや、何をしてきたんだ！」

猛烈な怒りが、込み上げてきた！

稽古終了後、家路を辿りながら、思った。

「バカか俺は…すっかり忘れていた！　仲間同士で色々と合気の技を…その楽しさに我を忘れ、フルコンの厳しさを、あの骨を軋ませる厳しさを、血しぶく打ち合いを…忘れてしまっていたのだ!!」


「愚か者め！」

天空に、叫んだ。

そうだ、少し前、折しも嫁が俺にいってくれた言葉。何故それに耳を傾けなかった？

東京の竹馬の拳友とも、そしてボクサー坪井とも、誇りをかけて殴り合った。嫁はそれを、嫌がりながらも見てきてくれた。そして彼女は今や武道をやるまでになり、柔術の有段者にもなった。

その嫁が、私にいったのだ。


「あなたが今やってることって、あなたのやりたいこと？」


不覚！

許せ東京の拳友、そして坪井よ！　今、分かった！　俺は、俺の世界から…いつの間にか、逸脱していたのだ！

そうだったのか。あのとき、リトルドールや神社で感じた気配とは、この違和感だったのだ。今の自分がいる世界は、自分がいる世界ではない。

そして、心は動いた。

その六　本懐

フルコンタクト空手、即ち直接打撃制空手。

そのスタイルを貫く空手の組手（突き蹴りによる自由攻防）は、決して甘いものではない。たとえば下段廻し蹴り（通称ローキック）をはじめとして中段、上段への廻し蹴り、これらの技を一発でも喰らったことのある方には、文字どおりそのことが痛いほど分かるだろう。

長い期間をかけて苦労して鍛え抜いた脛を、全力で相手の体に叩き込む！　むろん同じように鍛えた拳も、叩き込む！　これが我々の組手なのだ。だから我々の世界では、骨折などしょっちゅうだ。また、私は門外漢だが柔道の自由乱取りもこれに同じ。柔道家の、あの潰れた耳を見よ！　さらに、足を払われて、その足の親指があり得ない方向に曲がってしまったのを写真で見せてもらったことがある。加えて、柔道着というものは引っ張りに強く作ってあるため、強化のために打ち込んである太い糸はまるで紙ヤスリである。これを握り締めて、何とか投げられまいと必死に抵抗する相手を崩し投げを打つと、初心者ならまず一発で手の指の皮がベロッと剥けてしまうだろう。

フルコン空手の組手にしても、柔道の乱取りにしても、決して生易しいものでは断じてない。このことを逆にいえば、勝ち負けは別にしても、普段の稽古で何の恐怖感もなくまた怪我もなく（あるいは気にならなくなり）これを平然と続けられるようになった者は、ただそれだけで相当に強い。

二十五年ほども前のこと、当時私は両手親指一本のみによる指立て臥せの修行に燃えていた。しかし、日に千回の拳立て臥せをこなしていた当時でさえ、親指一本となると指立てどころか、その体勢を維持することさえ初めはできなかった。しかし、鍛練とは恐ろしいものである。やり始めてから六年目のある日、ついに親指一本だけを立てた姿勢を維持できるようになり、その場で十回指立て臥せができた。そしてさらに一年半後、悲願の連続五十回を達成！　狂喜していると……。


「指立ての回数が、あなたの目的なの？」


ある日嫁が、そういったのだ。その一言で、目が覚めた。

空手に必要だからこそ、指を腕を鍛練するのだ。たとえ親指一本とはいえ、それは空手の膨大な鍛練の中の一つに過ぎない。そしてそれはもちろん、その他の鍛練も全ては「空手」のためのものだったのだ！

「手段の、目的化」…か。

あのときも、嫁の一言が俺を正してくれたっけ。合気を、千変万化する実際の厳しい打ち合いに通さなければならない。合気を、千変万化する実際の難しい治療に通さなければならない。決して見失ってはならないのだ、その本懐を。

その七　本性のほとばしり

昭和四十年代後半、当時高校生だった私は俗にいう「不良」だった。中学時代から一人必死に練習してきた野球。高校に入って満を持して入部した野球部。しかしその野球という競技は、自分が思っているようなものではなかった。どのポジションでも、ひたすらチームプレーに徹することがまず求められる。団体競技なのだから、当たり前だ。だがこの当たり前のことに、私は嫌気がさした。苦手なのだ、そもそもチームの中でお互いに切磋琢磨するという行為そのものが……。だからこそ後に、勝とうが負けようが一切が自分の責任である武道の世界に入っていったのかもしれない。とまれ、野球部はすぐに辞めた。その後目標を失い、本当の意味で武道と出会うまでの間、無頼のような生活を続けていたのだ。

この頃、退学など決定的な処遇を受けずにすんだのは、ある体育教師のお陰だった。他の教師など何をいおうが意にも介さなかったが、何故かこの先生のいうことだけは守った、というか、守れた。その先生が、あるときこう教えてくれた。

「男には二種類ある。仲間を作って伸びていける奴と、一匹狼にならざるを得ない奴とだ。むろん前者の方がいいに決まっている。だが、それができないからといってイライラする必要はない。何故なら、それは決して悪いことではないからだ」

その言葉で、少しふっ切れた気がした。実はその頃、同じような仲間達と授業をサボりパチンコなどに行くことも、面倒だと感じ始めていたからだ。以後、授業中フラリと教室を出ても仲間とつるむことはなくなり、一人で公園などに行きベンチに座り、日がな一日本を読んだり考え事をしたりボケー…としたりが多くなった。

それが自分の本性なのかもしれない。考えてみれば、今までの自分の人生も全てそうだったではないか。せっかく入社した会社も辞めてしまい、さらに活法を習った流派も喧嘩して飛びだし、嫁に迷惑をかけながらも結局は業界のはぐれ狼のように暮らしている。

このまま稽古会に所属していても、自分のような者は決して皆と共に伸びていくことなどできないだろう。それればかりか今回の組手や治療が示すように、かえって技が錆びついてしまうのだ、自分のような種類の人間は。

瞬間湯沸し器の如く激しい気性は、自分でもどうにもできない。だからメンバーの皆にもこの先どんな迷惑をかけるかも分からない。性格を治める努力をしなければならないとは、大人の意見だ。だが、それをやると自分が自分でなくなるような気がする。保江先生と全力でぶつかり合うことも、なかったろう。

かつて体育教師がいってくれたように「それもあり」でよいのではないか……。

心は決まった。

平成二十二年八月二十四日のことだった。

その八　師の寿ぎ

「保江邦夫先生、我々夫婦は神戸稽古会を脱会致したく、その旨を先生にお伝え致します。九月、先生がこちらに来て下さるときの御世話をさせていただくを以て、最後のお務めとさせて下さい」

稽古会を去る決心をすると同時に、岡山の保江先生にお知らせした。

これからは厳しい空手の組手をとおして、たとえ血ヘドを吐こうが常に通用する合気を練ること。同時に東の名人・西の達人を求めてさすらい、場合によっては他流試合も辞さないこと。これこそが、これからの炭粉良三の生きざまになること……。それらを、破門覚悟で保江先生にお知らせしたのだ。

夜、保江先生から御回答を得た。

驚いたことに、師は怒るどころか私達夫婦を寿いで下さったのだ！

「イバラの道へ進もうというお二人のお考えは、まさに私と同じです。おめでとう！　次の言葉を贈りましょう……『星にたづなを結べ！』（エマソン＝十九世紀アメリカ合衆国の哲学者・詩人）」

やはり先生は分かって下さったねと、嫁が呟いた。

よし、これで思う存分暴れてやる！　しかしその前に、まずは稽古会の悲願成就だ。九月に先生を神戸に招き稽古をつけていただくこと。そしてその後富万にて宴会をつつがなく行うこと。稽古会への御恩返しに、幹事としてしっかり務めよう。そしてそれが終了した後で、浜口隆之代表や畑村洋数氏に我々の脱会の旨を伝えよう。

手帳によれば、そのちょうど一週間後の八月三十一日のことだった。

この日の朝、「夜中に何回も目が覚めてたみたいだけど、眠れなかったの？」と聞いてきた嫁に、そのとき放心状態だった私は答えた。

「不思議な…夢を見た。あることに気づき、それを元にした技の稽古をする夢だ……一つの技の稽古が終わり納得するたびに、目が覚めた……」

やがてその放心状態から抜けると妙に頭がハッキリしてきて、そしてその夢の本質が分かったのだ！

「そ、そうか！　骨……」

その九　骨の気づき

放心から覚めて、直ちに嫁に叫んだ。

「仰向けに寝っ転がるから、俺の右手首を両手で上から思い切り押さえつけてくれ！」

「え！　それって、惣角先生が脳梗塞で倒れたときにやったという」

「そう！　それを、今やってみたい」

そして二人してその体勢が整うやいなや……。

「キャー、何コレ！」

正座の位置から、嫁は見事に立ち上がってしまった。

「つかんだかもしれない、原初の合気……武田惣角系合気の、文字どおり骨（コツ）を……」

私はそういって、彼女に夢のことや、その中で閃いたことなどを説明した。その内容は、こうだ。普通、我々の体は筋肉が収縮することにより骨が動く。それこそが我々の行動を意味する。しかし、もし筋肉より先に骨が動き、筋肉は後からついてくるということをやれば、どうなるか。むろん、そんなバカなことは起こり得ないことぐらい、アホな自分でも分かっている。だからあくまでも感覚的なことだとは思うのだが、しかし夢で様々な合気の投げ技を稽古していたとき、明らかに（夢の話で「明らかに」というのもヘンな話だが）骨が先に勝手に動く感覚があったのだ。だからその感覚が消えてしまう前に、嫁に受を頼んでやってみたというわけだった。

「骨が先に勝手に動く……常識では有り得ないけど」

「それをいうなら、合気そのものが、そもそも常識外だからな」

そういって二人して笑った後、さらに一つ思いだし、考え至ったことがあった。

そういえば昔、古武術関係の本で見たことがある。骨法という古武術があったが、その名前から骨を鍛えて行う何か空手のような武術を想像していたし、本にも確か「当身術」とあった。しかし、ひょっとしたら骨法とは当身を意味するのではなく、骨自体を筋肉に先行して動かす術か何かだったのではないか…と。それだけではない。古来我が国では微妙な技術を悟ることを「コツ（骨）をつかむ」といってきたし、「真骨頂」という言葉もある。

とにかくこの気づきが有効ならば、稽古会への置き土産になるかもしれないと思い、嬉しかった。

「だけど冠光寺眞法を修行する私達が、今さら原初の合気を追究する意味って、あるのかしら」

う〜ん、確かに！　嫁のいうことも一理ある。

しかし、思えば保江先生との出会いを生んだのも、不思議な夢がキッカケだったのだ。何らかの予定調和である可能性は否めない。その点が心に引っかかりつつ、その件について保江先生に御報告した。すると…驚いた！

先生からの返信には、こうあったからだ。

「炭粉さん、それこそは今度私が神戸の稽古会で皆さんにお土産としてお話ししようとしていた原初の合気、即ち武田惣角の合気と考えられるものです。いや～炭粉さん、またしても予定調和ですね……」

師とリンクしていたのか。なるほど、これであんな夢を見た理由も分かったと納得できるところをみると……どうやら自分も少しは精進できているようだ。

その十　さらば！　神戸稽古会

そして、ついにその日がきた。

平成二十二年九月十七日金曜日の夕方。二年半前の三月、しだれ桜が美しく咲く中、保江邦夫先生と我々夫婦が初めて会いまみえ、私がその奇跡の技・合気上げと突き倒しを喰らった神社境内に建つ公民館の二階座敷。

あのときは、我々夫婦たった二人だった。しかし今では十数人の門弟達が、保江先生を囲んで正座している。感無量、この言葉が自分の人生にとってこれほどピタッときた日は、今までにない。先生は私に先に告げられたように、原初の合気のやり方を、そしてそればかりか最近御自分で気づかれた秘術までをも、惜しげもなく我々に御教授下さった。門弟達から「おお……」と、溜め息とも感嘆ともつかぬ声が洩れる。

さて、その稽古会が終了した後、富万に移動。山根マスターも大サービス、旨い鳥鍋に寿司、それに刺身まで付けてくれた。ありがとうマスター！　それにお手伝いの絹ちゃん！

宴会終了後、先生を皆で駅までお送りした。

二年前までは、単に構想だけだった関西での稽古会。そして今年一月、皆の協力でついに立ち上げることができた。その稽古会の悲願、成就！　本当に、本当によかった！　この会が今後ますます発展しますように……。

挨拶の後、メンバーの方々が三々五々、帰途に就かれる。富万の店先に、我々夫婦二人だけが、残った。

さあ、我々も自分達の住む町に帰ろう。今日は、よき日になったなあ。

「もう一仕事あるね」

「そうだな……」

浜口代表、畑やん。色々、あった。

見えざる神の一回転から恐怖に打ち震えながら浜口代表と富万で飲んだ日。畑村さん主宰の氣空術に参加させていただき、その不思議な技に目を白黒させた日。本当に個性的で研究熱心な武道集団、神戸稽古会のメンバー達。

楽しかった！　ただひたすら、楽しかった！

夢を見ているような、日々だった。そして、お世話になりました。

皆さん、申しわけありません。炭粉良三のわがままを、どうか許して下さい……。さらば！　神戸稽古会。

家に帰る途中にて、浜口代表と畑村さんに、そして稽古会のメンバーへ、その旨メールを送った。

翌朝、彼ら二人からだけでなく、多くのメンバーの方々から驚きと励ましのメールをいただいた。

ありがとう！　ありがとうございます！

何年かかろうとも、命がけで合気の何たるかを自分なりにつかみ、あらゆる組手乱取りを完封できるようになった暁に……必ず戻ってまいります。

神戸の街よ、それまでの間、いったんお別れだ。

第二部

その一　原初の合気に還れ

自分が求めなければならないものとは何か。

それは、術の恒常性につきる！

我々武術を志す者が、あるときはでき、またあるときはできぬ、では、全く話にならないのだ！

『合気解明』にも書いたことだが、武術の本懐とはいついかなるときでも、百パーセント自分の技を力を出し切れることだ。たとえば、相手の力量の方が勝り敗北するのなら、これは仕方がない。しかしどこに「今日は調子が悪くて術がかかりません」あるいは「今日の相手には術がかかりません」がとおる武術界があろうか。


「いっておくが、俺達は強い」

そうだ。だからこそ、その自分達より上の不可思議な境地「合気」を知り、それを求める自分に必要なものは、あらゆる場合に必通の合気術なのだ。治療術ももちろん含めて、これしかない！断じて!!

その術が効くか効かぬかは、お互い直接打ち合う組手をとおして自らの体の痛みに、苦痛に聞く。これが俺のスタイルだ！　これが、フルコンの精神だ！　ゆめゆめ忘れること、なかれ。

とはいえ、毎回毎回「ウリャーッ！　バキィッ！　ゲボォ〜ッ！」では、身が持つまい。そこで私は焦りを捨て、まずは原初の合気に回帰する決心をした。一連の合気研究のお陰で、私はこの世に少なくとも三種の合気が存在していることを知った。

一つは武田惣角系。

一つは（晩年の）植芝盛平系。

そして今一つは、エスタニスラウ系。　（敬称略）

武田惣角系合気と（晩年の）植芝盛平系合気とは、重なり合っている部分があり、その部分こそが唯一無二の「原理」を顕すところと心得ている。なお、植芝翁の合気とエスタニスラウ系合気とは、重なる部分が非常に広い気がする。あまりにも有名な佐川幸義宗範の合気は、この三種の合気を御自身の修行によって貫かれているようにも見える。

むろん、上記は私一人の勝手な思い込みに過ぎないだろう。だが自分の中では、そう区別をつけている。

誤解のないように申し添えておきたい。原理はおそらく、一つなのだ。むろん目に見えるようなシロモノではない。ただ、合気状態を誘導する方法論に違いがあると考えられる。だから変な喩えだが、たとえば右手で頭を掻けば武田惣角系合気が発生し相手が投げられたとする。そして左手で頭を掻けば植芝盛平系合気が発生して相手が投げられたとすれば、その方法論は違うものの、相手が投げられるというシンクロ行動を意に反し起こす理由を与える原理は、共通するものであると見る。これが私の見解である。ただし、何度もいうが私見に過ぎない。

一方、保江邦夫先生の冠光寺眞法はもちろんエスタニスラウ系合気に含まれるものであり、今までの自分の実績からも分かるとおり、一足飛びにこれに至るのは至難の作業である。何せ、魂の法なのだ。それゆえ……。

原初に戻ろう！　惣角系合気に！

そこには、そもそも合気に必要な基礎的なものが多く発見できるに違いない。それにおそらくそれは他の二つの合気に比べ、原初ゆえにより体の使い方等の具体的な技に近しいものかもしれない。だとすれば、まずは恒常性を手に入れられる可能性も高いはず…と考え至ったのである。

普通は「だが、どうやって？」という悩みが直ちに生まれるだろう。しかし、幸運にも我々はすでにその取っ掛かりを師によって得ている。さらにあの夢のこともある。即ち、予定調和だったのだ。「今さら原初に戻っても」と嫁はいったが、その必要がないのなら何故冠光寺眞法を教えようとする立場にある師が、わざわざ神戸まで来られて惣角系合気を我々に教える必要があったのか。これはきっと「いったん原初に戻れ」という天啓である可能性が高い。きっとそうだと思った。だから……。

近いうちに必ず何かが起こる。それを待とうと素直に思えた。

「あなた方のいらっしゃることは、分かっておりましたから」

私は、保江邦夫先生の突然の訪問にエスタニスラウ神父がそうお応えになった場面を、思いだしていた……。

その二　予定調和の始動

そして、その「何か」は起こった。

その日私は新幹線に乗り、東京に向かった。関東某市に合気の原理に至ったという名人が出たとの情報を得たのだ。こうなったら、いてもたってもいられないではないか！

新幹線の車中、全く雪がなく火山そのものの姿を見せる富士山を眺めながら、私は数日前の出来事を辿るようにして、思いだしていた。

「炭粉さん、今野敏氏の『惣角流浪』（集英社文庫、二〇〇一年）、なかなかのものですよ」

保江先生からお知らせいただいたので、さっそく入手して読んでみた。確かに！　武術家同士の戦いの描写、そして合気の捉え方、なかなかリアルに描かれている。

「今野敏氏は御自身、空手家でもあります。沖縄の空手家と武田惣角との戦いの描き方など、さすがです。何だか炭粉さんの姿がダブる」

そう、先生はいって下さる。

そうか……武田惣角もまさに各地を流浪したのだ。そしてどこで、どうやってそれを発見したかは謎だが、流浪の果てに合気を身につけたのだ！

「先生、私はこれから一人になって、東の名人・西の達人を訪ね求めるといいました。さっそく行動を起こして、よいですか」

「もちろん！　思う存分、羽ばたいて下さい！」

そして、群馬の弟子、加藤久雄さんからもメールがくる。

「兄弟子よ、今朝、鳩の群れが大空を旋回しながら飛ぶのを見ました。すると、その群れの中から一羽の白鳩が、群れを離脱し違う方向に真っ直ぐ飛び去っていったのです！」

某市に到着した。

その人は、本当に原理に達したのか。それに第一、達したのならそれを私に教えるだろうか、初めて会う、この私に。

訪問については快諾して下さったとはいえ、大いに疑いの気持ちを抱いていた。待ち合わせ場所でしばらく待っていると、やがて私より背が低く年輩の男が現れた。

「この人か……」

何の威圧感も伝わってはこない。本当に、達しているのだろうか。

連れていかれた体育館の片隅で、まずは技の解説を受ける。ものの五分で、それは終わった。

少しブシツケとは思ったが、せっかく関西からはるばる来たのだ、私は聞いてみた。

「それで、あなたが至られた合気の原理とはいったい……」

するど、彼はこう答えた。

「今いったことが、全てです」

な、何だってえ?!

失礼ながら、少し怒りを覚えた。こんなことを聞くために俺はわざわざ……。そして「後は私に色々技を試して下さい」と仰り、そのとおりにすると「おお！」と叫んで飛んで下さる。

「………」

失敗だった、この訪問は見事に。

場合によっては保江邦夫門下だと正体を明かそうと思ったが、その必要も、ない。気が抜けたせいか、その男が私に技をかけるときにもまともに相手する気がせず、こちらも適当に崩れておいた。

そう、そうなのだ！
だから、だからこそ、そのときには分からなかったのだ！
この男が私に教えてくれたことの、重大さを!!

「もう、早く帰りたい」

不遜にも、そんな無礼なことさえ考え始めていた私は……しかし帰宅して数日後に、その原理に驚愕することとなる。そしてその男こそは、合気探求における我が第二の師となるのだ。

その三　脅威の惣角系合気

空手の稽古日がきた。

もう二度と、この前のような醜態は御免こうむろう。下段蹴りと突きの応酬。衝撃音が、周りに響く！　ときに、閃くように飛んでくる上段廻し蹴りも、余裕で防御。こちらも負けじと、上段を返す。

錆びは、どうやら落ちたようだ。

組手にて締めくくり、その日の稽古は終わった。皆、汗まみれである。気持ちよく動けたがゆえになお一層、この前の関東訪問は失敗だったと着替えながら思った。


「そんなワケなかろう」

教えられたことも、馬鹿馬鹿しく思えてくる。そして変な考え方かもしれないが、それが如何に馬鹿げているかを試してみたくなったのだ（嗚呼、こんな気持ちにふとなったことこそ、冠光寺眞法の真髄であると誰が知ろう……）。そこで稽古後、皆で休んでいたときに、どうせなら一番大きく重く、力もある稽古生を選び、自分はちょこんと正座して、膝の上に置いた自分の右手首を彼の両手で上から思い切り押さえつけさせた。

「別に正座しなくてもいいよ。なんせ体重と力が完璧にかかるように、好きな体勢になって押さえつけてね〜」

すると相手は立て膝で押さえつけてきた。物凄い圧力だ。当たり前だが、ピクリとも動かせない。

「全く…こんな状態ではどうしようもなかろう」

自嘲しながら教わったように右腕を上げてみようとした瞬間！

「な、なんやコレはッ！」

相手と私は、同時に叫んでいた。そのデカい稽古生は、見事に上げられていたのだ、私の右腕一本で！

「し、信じられん、もう一回！」

何度やっても、同じだった。

「面倒！　今度は二人がかりで押さえてもらおう！」

いずれも私より体重の重い稽古生二人が、それぞれ両手を使って私の右手と左手を押さえつける。
次の瞬間、二人ともひとたまりもなく腕を上げられてしまった。

「こ…これは……」

一計を案じた私は、今度は立って道場の壁にピタリと背中と両足の踵を付けた状態になり、今度は三人に両肩口を押さえつけさせた。この状態から、前に進もうというのである。これまた物凄い圧力が私の肩口にかかる。脱臼しそうだ。しかし、このときに感じた気持ちが今でも忘れられない。

「できない気が、しない……」

そして事実、チョイと右肩を動かしただけで（動かせるのがそもそも不思議だが）三人は同時に、崩れて押し返せなくなってしまったのだ！

合気道修行者ではない。体重と筋力あるフルコンの修行者が、だ！

「う〜〜ん……」

「これはいったい、何という技ですか?!」

「わ…分かならい……」

その後、皆で何故かケタケタと笑い合った。

「まあ、いいじゃないか。世の中には不思議なことも、あるもんだ」

そして家路をたどりながら、思った。

本物だった！

本物だったのだ、あの原理は。それを分からずに俺は……何て失礼なことを思ってしまったのか。申しわけ、ありませんでした！

これこそは、武田惣角がつかんだといわれる合気に違いなかった。実は、骨を動かすという自得の感覚は、しかしそれだけではやはりまだ恒常性を欠いたままなのだ。微妙な感覚ゆえに、ややもすれば筋肉がシャシャリ出てくる。しかし、教わったやり方は明らかに、夢にまで見た恒常性を兼ね備えている合気原理か！　何故なら、あの諸手捕り合気上げ（自分の片手を相手が両手で押さえつけるのを、その片手だけで上げてしまうもの）だけは、女子供はともかく成人男子相手には金輪際できなかったのだ、どうしても。むろんこれは自分の「できるはずがない」という思い込みがあるからこそできないのだ。できないというのなら、普通の合気上げだって普通は絶対不可能なのだ。しかしたとえそれができるようになっても「両手二本対片手一本では、とうてい無理だ」という思念を、今までどうしても振り払えずにきた。たとえ割り箸で相手を上げることができても、だ。その思念（自我）を消さない限り、冠光寺眞法の完成はない。だがそれは至難……。

だからこそ、より技術に近いはずである原初の合気に立ち帰ろうと考えたのだったが……。

帰宅後、私は直ちにこれを教えて下さった関東の件の男に、自分の立場を謝罪と感謝を込めて明かした。そして心からの尊敬と共に「先生」と呼ばせていただいた。先生も、驚きと共に大変喜んで下さった。

「そうだったのですか！　あの保江邦夫先生のお弟子さんだったとは……」

しかし、私が喜ぶのはまだ早い！　恒常性を、もっともっと試さなければならない！　何故なら私には、ある悲願があるからだ。それは…あの、東京の竹馬の拳友に対して、合気上げを成功させることに他ならなかった。

その四　塚本整骨院

その数日後、私は関西某所にある塚本整骨院を訪れた。当世、接骨院や整骨院は数多くあるが、少しばかり遠くても、やっぱり上手い所へ行くのが一番だ。ということで、近くに往診に出向いた際に寄ってみたのだ。とはいえ、どこか具合が悪くなったわけではなかった。いわば筋肉の専門家として、院長先生に尋ねたいことがあったからだ。その旨、すでに電話で伝えてある。ここの院長・塚本顕彦先生とは、もうずいぶん長い付き合いなのだ。

到着してしばらく、塚本先生の治療が終わるのを待った。そしてそれが終わると、さっそく実験に取りかかった。例の諸手捕り合気上げである。このとき、塚本先生以外にも助手として河合ひろと氏、それに石田陽子さんがいたが、皆して実験に協力して下さる。ありがたいことだ。

さて、常識ではあり得ないこの技に皆さん驚嘆して下さる。しかし、驚いてばかりもいられない。

ひとしきり実際に彼らを上げて（嘘ではないことを）分かってもらってから、ではいったい如何なる筋肉活動にてこの現象が起こるのかの検証に入った。

ここで、読者は不思議がられるかもしれない。何故なら、私が保江先生から冠光寺眞法の相手を立たせてしまう合気上げを伝授されたときには、このような検証はしなかったからだ。何故今回に限ってこういうことをするのかと。

お答えしよう。冠光寺眞法では、相手の立ち上がる行為を魂の法にて誘発する。したがって、特別な筋肉による特別なる動きが起こっているわけではない（それゆえ、心のあり方により効果が夥しく影響を受ける）。ところが、私が関東の先生から学んだ合気がけは、心法ではない。だからこちらが特別な心持ちあるいは無念無想になる必要はなく（それゆえ、技の恒常性が期待できる）、ということはおそらく、我々にとって未知の体の動かし方によるものと考えたからだ。

私が塚本先生に諸手捕りをするとき、私の腕の筋肉が脱力しているわけではない。力は使う。しかし腕の筋肉だけでは絶対に上がらないのは検証ずみ。ほかの二人が私の腹や肩、背中に掌を当ててチェックしたが、どこも必要以上の緊張は見られなかったとのこと。つまり私は腕を上げるとき、腕以外の筋肉を総動員して助っ人に向かわせるようなことは、していないことになる。

そこで私は塚本先生に聞いてみた。深層筋即ち一時期盛んにいわれたインナーマッスルの発動が絡んでいるのでは、と。しかし専門家の塚本先生は「それはない」と否定された。その理由は、こうだ。インナーマッスルは普通、姿勢を正常に保ったり、あるいは体の動きの補佐をしたり（つまり身体の動きに対して関節を固定し、その運動の軸の安定に寄与）するものであり、我々が普通動きに対して使うアウターマッスル（表層筋）の脇役に過ぎない。しかもその筋力はアウターに比べ弱い。だからたとえインナーの筋力をアウターのそれにプラスしたからといって、あのような劇的なパワーアップには繋がらないわけだ。

う～ん、確かに。それに足の動きなら（それこそ「達人の筋肉」としてもてはやされた）有名な腸腰筋というかなり大きいインナーがあるが、腕を動かす際に使われるインナーでこれに匹敵するものは、寡聞にして聞いたことがない。

「しかし塚本先生、その先生から教わったことをすれば、論より証拠、この現象が起こるのは何故だろう。その原因が筋肉の特殊な動きに由来しないのであれば……」

結論は、残念ながら出なかった。

整骨院を辞し、往診を終えて我が町に向かう電車に揺られているときに、ふと「この方法は保江先生の方法とは逆で、心によらず、肉体をバカにしてしまうことで合気現象を起こしているのかなあ……」などと考えてもみたが、やはり判然とはしなかったのである。

その五　進化する合気

ところでその日、塚本整骨院で起こったことを、もう少し詳しく報告しておこう。まず塚本先生だが、彼は今まで冠光寺眞法の合気上げをかけても、立ち上がることはなかった。しかし最近では立ち上がることが少なからず増えてきていた。関東で教わった方法だと、腕は上がるが立ち上がらない（以後、関東式と略す。この方法だと相手は立ち上がるときと立ち上がらないときがある。ただし、こと普通の合気上げに関しては、片手であれ諸手であれ、ほぼ失敗なくできる）。ここで面白いことが起こった。助手の河合氏は今までガンとして立ち上がらなかった。ところが、私の右手を塚本先生に、左手を河合氏に各々諸手で押さえつけてもらい、二対一での諸手捕り合気上げをしたとき、塚本先生は腕だけが上がり、河合氏は何と立ち上がってしまったのだ。これは彼にとっても初めての経験だったと思う。つまり、両師の合気が同時に左右別で出たという珍しいケースである。ここで石田さんがとんでもないことをいいだした。まず河合氏が私の右手を諸手で押さえつける。その河合氏の背中に石田さんがしがみつく。そして関東式で上げてみようというのだ。

二人の体重は合計で百キロを超す。重さに関係ない冠光寺眞法ならともかく、いくら何でもこれは関東式では無理だろうといいつつやってみると、これが何と上がったのだ！

このときの自分の感覚では、確かに関東式で上げたのだが、相手の河合氏の反応はむしろ冠光寺眞法を受けたときに似て、抵抗なく素直に立ち上がりかけたのだ。ただ石田さんをおぶっていたからさすがに重かったのだろう、完全に立ち上がることはなかったが。しかし、このことは先ほどの出来事と共に、関東式で上げても冠光寺眞法と同じ原理が顕れる可能性を物語っている。というより……。

塚本先生達から教わったように、たとえ関東式であっても、それが（常識的には）筋力だけではどうしようもない現象であると知った今、やはり何かわけの分からない未知の作用が働いていると考えるしか、ない。しかし重要なことは、関東式には（むろん公表などはできないが、初めに私が馬鹿にしていた）あるコツが存在している。「コツ化」できるということは、技術である。まあ、だからこそ恒常性が生まれるのだが、コツのない冠光寺眞法と同じ効果が顕れるからには、理論化しようとすれば、やはり唯物論では説明し切れぬ何かを内包していると考えるしか、ない。

そこで思いだすのは、関東某市の先生が語っていた、合気をかけることによって得られる副産物の話である。全部を公表することはできないが、たとえば恐怖感が薄まるなどの心の状態の安定化だ。これなどまるで、心から敵意を取り去り愛魂を表出させ奇跡のシンクロを呼ぶ冠光寺眞法の逆回転のような風情である。

「逆もまた、真なり」か……。

さらに先生が別れ際に

「私は、沢山の人を感動させる歌手の方なども結局、合気に関係してるのではないかと最近思うようになった」

といわれたのが、妙に心に引っかかっていたのだ。何故ならこの点については私も保江先生と、よく話していたからだ。

共通してくるのだ、やはり。そしていうまでもなく、上記のことは筋肉とは全く関係はなかろう。

この世には少なくとも三つの合気が存在していて、それらは互いに重なる部分を有し、その部分こそが唯一無二の原理か…と、先に書いたが、ますますもってそう思えてきたのだった。

合気の原理は、一つのはずだ。私もずっと、そう思っている。だからこそ、保江先生が仰り私もそう思っていることだが、日本国内での最も進化した合気の最高峰は、拙書『合気真伝』にも紹介した、触れることなく相手を金縛りにしてのけた植芝翁最晩年の合気即ち愛気である。しかしこの神秘の業の原理はすでに、我々が合気の技を成功させ得たとき、たとえそれがどれほどに初歩的な合気であったとしても、内包されていると見るべきであろう。

動き方に、それを求めるな。
目に見えるものに、惑わされるな。

私が常に心に刻む冠光寺眞法修行における戒めだ。

一ついっておきたい。私が関東某市で学んだコツも、決して目には見えない。また、いわゆる体の動かし方などでは断じてない。だからそれができる人の技をいくらビデオに撮り凝視しようが、佐川幸義宗範の有名なお言葉をお借りすれば「外からいくら見ても、分かるわけがない」だ。

さて、しかしながら、私は合気の恒常性を得るためのコツをすでに学んだ。だからこれからは、それを失敗のないように様々な武道の技にいつでも通せる稽古をすればよいことになる。むろんするなといわれても、するに決まっている。

これも前述したが、私にとっては「分かる」より「できる」の方が、遥かに重要だからだ。

そう、できさえすればよい！

しかしながら……。何の因果か、どうも私は「だが何故？」からどうしても離れられないのだ。究明したい、この素晴らしい原理を。何とかして……。

そうして私は「骨の気づき」などを再考していたときに、にわかには信じることのできない日本の…あるブッ飛んだ古代伝説にいき着く。

その六　三層構造の謎

私は処女作『合気解明』において、近藤孝洋という武術家が著した『極意の解明・一撃必倒のメカニズム』（愛隆堂、一九九二年）から以下のように引用させていただいた（原文のままではない）。

「人の体は三つある。肉の体（肉体）、気の体（メンタル体）、そしてアストラル体。極意とは……まず肉の体、完全停止。次いで気の体、完全停止。さすればアストラル体から発せられる気よりも微細なエネルギー『神（シン）』が作動。この神はその微細なるがゆえに絶対に察知されぬ。その見えざる、感じざる神を使って技をかけることこそが極意！」

これを常に意識してきたわけではない。しかし、すでに申し上げた夢からのヒント「骨から動かす」は、実にこの理屈と相性がよいことに最近気づいた。

少し説明すると、まず「肉の体」だが、これは筋肉をさす。確か近藤先生も書かれていたと思うが、筋肉とは思考力そのものだ。「こうしよう」「ああしよう」とするとき、脳の指令と直結して収縮、体を動かす。

次に「気の体」。これは気を気持ちと考えれば、内臓となる。何故なら東洋医学では各々の感情は各々の臓器に宿るとされているからだ。気持ちを生む感情の体とは、だから筋肉の奥の内臓となる。

すると…最後のアストラル体とは、さらにその奥、そう！　つまり骨と符合することになる。だから、近藤先生の仰る「神」を使う技とは、結局筋肉や内臓の動きや移動を停止させ「骨から動かす」技ということではないか、と考え至った。初めに「筋肉動ありき」ではないから、これができる人の動きは初動においても一切の気配なし。ただ唐突に動くのみ。それゆえに、脳判断を仰がねばならない肉の体の動きでは0・5秒遅く、決して対抗できないことになる。

しかしいうまでもないことだが、骨を動かすのはそもそも筋肉なのだ。だからこれは少なくとも科学的には、あり得ない事態だ。だが「あり得ない」からといってそこで考察を止めてしまう者に、世の不思議を解明することは、できない。

「三種の体」……偶然の一致かもしれないが、合気も三種あると書いた。

しかし、それだけではない。我々が使う日本語をはじめとする日本の文化には「三」という概念がきわめて多い。「三国」「三界」「三羽烏」果ては神社の「三種の神器」……おお、神社といえば、かのヤタガラスは三本足だった！

このことが不思議で、一度懇意の歴史学者の先生にお聞きしたことがある。するとその先生は「私には専門外ですが」と仰りながら、こう教えて下さった。

「実はそれは中国の道教の影響を受けている可能性があります。道教では三という数字を重視するから。日本人は表だって道教を好まない（仏教や儒教を採り入れてきたため）が、よく考えてみれば、道教の達人である仙人は文化的に受け入れているし、たとえば桃太郎の物語も少なからぬ影響が見てとれます。桃は道教のシンボルだし、家来も三匹の動物だし……」

とのことだった。

そうか、道教か…そういえば道教の老子の思想の根幹は「無為自然」つまり、何もしないことだったな…などとボンヤリ考えていたときに、ハッと思いだしたことがあった。

あれはまだ保江先生とお会いする前、今から五年ほども前のことだった。当時私は「合気など、あってたまるか！」と否定に否定を繰り返していた。ところがこの頃パソコンで色々と検索していたら、埼玉県は北本市に「魂の合気」という会を主宰する合気研究家のホームページを発見した。何でも日本各地から合気を求める人達がやってきて、稽古して帰るとのことだった。

「実在しないものに振り回される人がいるとは……」

と、いつもなら鼻で笑って無視するところなのだが、何故だか、

「へー、なかなか面白いこと書いてあるなあ。誰でも受け入れるそうだから、一丁行ってみるか」

という気持ちになってしまった。そしてその旨打診すると、「どうぞ、おいで下さい」と丁寧な返信がすぐに返ってきたのだった。

数日後、私は東京に向かう新幹線に乗っていた……。

その七　魂合気研究会・大野朝行先生のこと

東京に着き、在来線に乗り換えて一路埼玉県は北本市へ。そこでお会いした合気研究家・大野朝行先生は、年齢的にはすでに悠々自適に遊ぶ、穏やかな方だった。当時は、家業の工場の二階に畳敷きの広間があって、そこで稽古をされるとのことだった。で、さっそくそこへ連れていっていただき、もう一人稽古に来ていた若い男性と三人で色々と実験的な動きをした。合気否定時代に訪れたため、正直合気うんぬんは分からなかったが、空手にはない動きだったため、それはそれで楽しめたことを覚えている。ところが……。

この大野先生について最も印象に残ったのは、稽古後に先生が語って下さった、ある物語なのだ。ことの発端は、自分が治療に携わっているという話から、先生が

「それならイヤシロチを知ってますか」

といわれたことだったと思う。

「イヤシロチ……どこかで聞いたことがある……」

内心思ったが、思いだせない。

「それは、そこでは動植物がよく育つという場所のことで……」

と先生がいわれたときに、稲妻のように思いだしたのだ。

「金鳥山！　そうだ、確か金鳥山の話でしょう、先生！」

「ほう、金鳥山を知っているのですか」

知っているも何も……。

私は東神戸の下町で生まれ、中学生になって他の町に引っ越すまでそこで育った。金鳥山とは六甲山系の東寄りにある、標高高々三百五十メートルほどの低い山（というより丘）のことだ。子供の頃はそれこそ毎日この山を見て育ったし、登ったこともある。

「その金鳥山とイヤシロチという言葉と、どういう関係があるのですか。私も何かの本で読んだのを今思いだしましたが、内容は覚えていません」

「そうだったのですか。金鳥山を毎日見ながら……しかし地元の人って、そういうものかもしれない。金鳥山はね、ある方々にとってはもう、第一級の聖地なんですよ」

「聖地？　あの低い山が？」

「では、炭粉さんはカタカムナの話は全く御存知ないわけですね？」

「カ…カタカムナ、ですか。何なのですか、それ？」

その八　謎の古代文明カタカムナ

そして大野先生が語って聞かせて下さった物語、それこそは私にとって、合気よりも遥かにトンデモナイものだった……（以下、敬称略）。

第二次世界大戦中のこと、楢崎皐月という科学者が武器の研究と製造のため、満州に派遣されていた。楢崎はそこで蘆有三という道教の高僧と邂逅する。そして蘆は楢崎に信じられないことを告げる。いわく、

「我が中華の古代文明は、実はあなた方の国である日本の古代文明の影響の下に発展したのだ。老子の古い経典にそのことが書かれている。日本にはアシア族という大変優れた民族がおり、遥

か昔からすでに宇宙の摂理を知り、相当の科学力を有し、八鏡の文字を使った」

蘆有三の驚くべき発言を、むろん楢崎皐月はにわかには信じなかったろう。やがて終戦になり帰国した楢崎は、戦後の混乱の中、そんなことも忘れ去っていたに違いない。

さて、楢崎はある製薬会社の社長と知り合い、戦後の食料難を乗り切るために野菜の促成栽培に関する実験を彼から依頼される。そのことがきっかけになり、楢崎は全国の土壌などの研究に入る。そして六甲山系金鳥山において助手数名とキャンプを張り、そこの調査をしているときに不思議な出来事が起こった。

ある夜、鉄砲を担いだ平十字《ひらとうじ》と名乗る猟師が楢崎達のキャンプを訪れたのだ。彼はいった。

「お前さん方が、そこのミトロ池に変な機械を突っ込んでいるから、動物達が水を飲めないで困っているではないか。至急取り払ってくれ」

そこで楢崎達が次の日に水質検査機を取り除いてやると、再びやってきた平十字はたいそう喜びこういった。

「ありがとう。お礼にこの兎をやろう。ところでお前さん方は学者だな。実は自分の父親はカタカムナ神社の宮司だった。その神社に代々伝わる巻物がある。子供の頃から『見たら目が潰れる』と脅されながら育ったが、学者のお前さん方なら、あるいは中に書いてあることが分かるのではないかと思って持ってきた。見てくれぬか。何でも昔、アシアトウアン（陰陽師・蘆屋道満か）という人が書いたということらしいが……」

そして楢崎が目の当たりにしたものとは、今まで見たこともない文字らしきものが、右回りの螺旋状に書かれている巻物だった！　それを見た瞬間、かつての満州での出来事を思いだした楢崎は、その後も平十字が持ってきた全ての巻物に書かれている螺旋状の文字らしきものを正確にノートに写し取り、そして翻訳に没頭、ついにそれを解読して彼自身さらに驚く。そこには信じられないような科学知識や哲学、宗教などが歌として書かれていたからだった。それが正確にいったいどのくらい昔のものかは全く分からないが、非常に高度な科学文明がかつて存在していたことが科学者の楢崎には分かった。そこでその文献（カタカムナ文献と呼ばれる）を世に発表するも、学会からは自分の研究を目立たせるためのデタラメと酷評、無視され、ついに陽の目を見ることもなく現在に至るのだ……。

その九　カタカムナの意味と合気

「うーーーん…大野先生、その物語をすぐに信じろといわれても……」

「ハハハ、私だって真相は分かりません。しかし、物質を転換させてしまうミトロ返しというような荒唐無稽な術は別としても、カタカムナ文献が説明するイヤシロチの条件を満たす場所では作物の育成がよかったり人の体調がよくなったりし、またその逆のケガレチの条件を満たす場所では作物が育たなかったり体調が悪くなったりするのだそうです」

「う〜〜ん…」

自宅に戻ってから、このカタカムナについて色々と書いてあることをネットで読んでもみたが、その頃の私の理解では、時々テレビなどで特集が組まれる「謎の古代文明〜」的な印象しか持たなかった。まあ、大いに夢のある話ではあるし、それ以後東神戸に往診にくるたびに金鳥山の姿を見る気持ちは変わったが……。

ところが、だ。前述したように「三」の持つ意味から道教に考え至り、大野先生が教えて下さったカタカムナを思いだしたときにふと思ったのだ。これはひょっとして自分が考える合気の原理に通じているのではないか、と。その理由は、こうだ。

カタカムナとは何を表しているかというと、まず「カタ」とは「片方」という意味で我々の認知できる世界が実はこの宇宙の片側にしか過ぎないということを表す。次に「カム」とは「神」や「無」を意味し、我々が認知できる世界ができる裏の、目に見えない摂理の世界を表す。つまり、たとえば木が木であるためには、目に見えない摂理の世界「カム」において木になるべき摂理が同時に存在しなければならない。万物皆これに同じ。だからこそ、この見えざる「カム」の段階でその摂理を変えてやれば、木は木でなくなり、石は石でなくなる（ミトロ返しの秘術か）わけだ。そして最後の「ナ」とは、この世界を創造した主のことなのだそうで、ゆえにカタカムナは片神名と表記されることもあるらしい。

以前なら「オカルト！　トンデモ！」と直ちに拒否したであろう自分だが、拙書『合気解明』からお付き合いいただいている読者なら、私がいいたいことはすでに把握されているかもしれない。

そうなのだ！　このカタ・カム・ナを同時と取らずに時間的にズレて顕れるものと取ればどうだろう！

つまり万物の創造主「ナ」がまずあって（もっとも、この辺は宗教者ではない自分にとっては少し抵抗があるが……）、次に我々の感覚器官から情報を得た脳がそれらを分析し結論を出し初めて意識化するという機能上、絶対にリアルタイムで認識できない（しかし我々は実はそこにしかいない）真の「今」こそが「カム」の意味であり、そして我々が今だと思い込んでいる０・５秒遅れた「お約束の今」を表すのが「カタ」。したがって、我々が「カタ」を認識するとき、すでに次の「カム」が立ち上がっていることに注意が必要。即ち「カム」と「カタ」はなるほど同時に存在するが、時間差が生じていて同じモノの裏表ではない、というのが、私の意見なのだ。

これがもし同時なら、木は初めから木であり、石は初めから石であり、（信じてはいないが）ミトロ返しなどできようはずもない。タイムギャップがあるからこそ（そしてそのタイムギャップの先の「カム」に至る術があるからこそ）物質変換ミトロ返しは可能なのだろう。そしてこれは同時に私が考える合気の理屈と、実は一致する。即ち合気とは、今まで語ってきたように、お約束の今の世界の前に実は存在する「真の今の世界」即ち「カム」にて技をかけることに他ならない、私的には！

古来、大東流は「惟神（カムナガラ）」の武術と呼ばれてきたという。

私は思う。合気はやはり、どうあっても唯物論のみで説明できる代物ではないと。如何なものだろう。

その十　共時性

阪急電車の三宮までたどり着き、そこから大阪梅田行きの特急に乗ると、次の停車駅は岡本。ここから少し東に行くと、もう芦屋だ。だから岡本は、神戸と芦屋の境の街。

その岡本の駅前に健整堂という小さな治療院がある。鍼灸、それに整体を施すここの院長先生は、流派は異なるが私と同じ空手家である。年は私よりほんの少し若いが、体つきは私より二まわりほどに大きい。この院長先生は以前私が椎間板を損ねて寝たきり状態になってしまったのを、たった三回の往診にて灸を据えて治してのけた人である。あのときは本当に助かった。それ以来、特に何もないときでもケアのために二か月に一度は訪れるようにしている。

この先生相手には今までなかなか合気上げもできなかったが、先頃訪れたときに関東式は何とかできた。で、治療をしてもらった後、二人で近くの喫茶店に入り色々武道談義をしていたときのこと、先生が面白いことをいいだしたのだ。

「炭粉さん、だいたい空手家だけでしょう！　不思議な技を使う先生や強い先生がいるとなると、その先生がどんな武術の使い手であろうが挑戦しにいくのは」

なるほど！　そのとおりだ！

私は思わず唸った。考えても、みなかったからだ。たとえば保江先生の所へも、剣道家や柔道家が訪ねていったなんて聞いたことがない（実際には剣道家がお二人、柔道家はお一人行かれたと後で知ったが、空手家の数は一けた違う）。合気道家もいるが、しかしこれはいわば同スタイル。そう、圧倒的に空手家・拳法家が多い！

「何故だか分かりますか、炭粉さん」

先生がさらに話を進める。

「いや～…今いわれて初めて気がついたほどだから、全く分かりません」

と答えると、彼は実に興味深いことを教えてくれたのだ。

「空手ってね、簡単にいえば、他の格闘技よりも全身を使い全身を武器化させることができる武道です。技も大変に多く、打撃技だけでも頭頂から足先まで使用します。スポーツ化が進まない理由の一つに、スポーツ化すると、この多くの技術が使用できなくなり失伝してしまう恐れがあるという点がある。つまり、空手は何でもアリの中でこそ力を発揮できる護身術だということです。近代になって突き蹴りの競技として整備されつつありますが、本来は投げ技も関節技もあった」

「それはそうですね、確かに。型の中には投げ技もあるし」

「そう。しかし何でもアリの精神は我々空手家の心の中にいわばDNAとして組み込まれていいます。だから突き蹴りに限定された競技になってさえ、これだけ色々ルールが違う流派ができてしまう。御存知のように、柔術だって当身はあった。しかし今、柔道の道場で当身を稽古する所があると思います?」

「いや、それはないでしょう」

「そう。剣道でも打つ場所は面と胴と小手だけ。だけど本来真剣だったら袈裟斬りでしょう。そればかりか足首、脛、どこでも斬れるはず。しかし、剣道家はそんな所を打つ稽古は絶対しない」

「そのとおりですが、しかし柔道家が当身を稽古したり剣道家が袈裟斬りを稽古したって、今やそれらは試合で使ったら反則なんだから仕方がないのでは？」

「さあ、そこです、炭粉さん！　では同じ空手家として炭粉さんに聞きますが、どうして我々は金的蹴りや目突き等、試合には反則の技をわざわざ稽古するんです？　これらの技は基本にさえ組み込まれていて、我々は当たり前のように稽古するじゃないですか」

「あッ！」と、思わず立ち上がりそうになった。そのとおりだ！　柔道や剣道は試合に使えない技など、少なくとも現在は稽古しない。しかし空手は違う！　しつこく稽古している。あまりに当たり前のことだけに、本当に考えてもみなかったが……。

「それが大いに関係しているんですよ。武術のスタイルにかかわらず優れた先生がいるなら挑戦してやろうと思うのが空手家だけだということに！　柔道の選手は試合中にたとえば相手から殴られてＫＯされたとしても、それは相手が悪いと思うでしょうし、自分が殴り返そうとも思わないでしょう。むろんそれはそれで正しい。また、剣道の試合で相手が袈裟斬りを成功させても、ふざけてるのかと思われるのがオチでしょうね。しかしこれが真剣なら、もう勝負はついてしまっているということを、我々空手家は知っているんですよ誰よりも」

うーん、うーーん！　なるほど……。

「だからこそ、ＫＡＲＡＴＥは世界共通語になり得たのです。何に対しても挑戦し勝とうとし、勝てなかったらその長所を吸収しようと……つまり我々は他の格闘技の強さに対して、心が広いのです。スポーツ化した武道や格闘技はそのルールの上で強さを求めますが、護身武道を目標にする空手は、自分の弱さを認め、他の強さを認める心の広さを持たないと、今より強くはなれないのです。なにせ悪い奴らはルールなど、守らないわけですからね。そう、だから我々が最も心が広い！　炭粉さん、そう思いませんか」

いや、驚いた！　さすが院長先生だ！

私は今までどちらかというと、空手をやっていると人にいうのが嫌だった。柔道や剣道なら尊敬されるが……空手といった途端に相手から引かれてしまう経験は一度や二度ではなかった。そしてそんなとき「空手はそんな不良っぽいものでは本来ない」と力説すればするほど（こちらもついつい熱くなってしまうし）、余計に相手に逃げられてしまう……。

しかし、気が晴れた！　ここの院長先生のお陰で、気が晴れた！

そうだ！　我々は、心が広いのだ！

そして、彼は最後にこう結んだ。「ことによると、空手には合気のエッセンスさえすでに内包されている可能性がある」と。しかし、お言葉ながら私は「それはない」と思っていた。今の競技空手を見る分には、ノンコンタクトであれフルコンタクトであれ、また組手であれ型であれ、可能性は限りなくゼロに近いと私は考えていたのだ。だが、真の意味での沖縄古伝の空手にはひょっとして……と最近私も思うようになった。それは先にも書いたが、保江先生の薦めにより、御自身も空手家である今野敏氏の著された『惣角流浪』を読んでからのことである。この物語には、かの武田惣角が沖縄に渡り、何と首里手の祖ともいうべき松村宗棍《そうこん》によって惣角自身がまだ気づかずに使い始めていた合気を指摘され、さらにその奥義を教わるという設定になっているのだ。むろんこの作品はあくまで小説であり、ことの真相は分からないが、しかし可能性は決して低くはないのではないか。私は密かにそう思っている。いずれにしても、空手家である私にはこれまた、嬉しいことではある。

さて、実に面白いことに、この治療院・健整堂のすぐ北側に、あのカタカムナの聖地・金鳥山がある。さらにいえば塚本整骨院も、ここから一駅の距離にある。

一般に、有名な心理学者・ユングが唱えた共時性（シンクロニシティ）とは、たとえば旧友のことをふと思いだしたときに電話が鳴り、出てみるとその旧友からだった等の現象を指す。しかしそれだけではなく、自分にとって重要な店や治療院が何故か同じエリアに固まってくるというのも、ことによると共時制の範囲なのかもしれない。考えてみれば店あるいは治療院といえどもそれは結局、その中にいる人物との御縁なのだ。建物との御縁では、ない。だから自分と同じ時間座標に建物だけがあっても、用をなさない。

必要な人物が一所に集中し、同じ時間を生きている！

共時性。そういえば、ここからはリトルドールも件の喫茶店も、そう遠くはない……。

なお、この空手家の院長先生は、治療院・健整堂を「人体動力研究所」とし、武術等様々な動きを研究されていることを付記しておく。

第三部

その一　予定調和の舞台裏

これから次章にかけて、しばらくの間語る話の内容は、分かる人と分からない人（というよりも信じられる人と信じない人）とに分かれることになると思う。さらに、こんな話が合気と何の関わりがあるのか、と訝る人もおられよう。

最初に申し上げておきたい。私は決して「分かってほしい」だの「信じてほしい」だのという気持ちで書いているのではない。また「これらを分からない限り合気の修得はない」などと主張するつもりも更々ない。いわんや、これだけは毎回強調していることだが、私は宗教家では断じてない。

その上で、合気という摩訶不思議なものの探求を続けていくと、どうしてもこれから語るような世界を考えざるを得ない事態になったのだ、私の場合は。

それは、数ある合気現象の中でも最も不可思議なる存在「予定調和」についてである。

拙書『合気解明』の中で描いた「昭和町ドリーム」、あれは今自分で読み返してもつくづく不思議な出来事だった（『合気解明』98頁）。いうまでもないが、起こった出来事に何一つ、嘘もデフォルメもない。あのままのことが、実際に起こったのだ。

その頃の自分の考えでは、非接触合気と予定調和とに何がしかの関係があるのではないかと睨んでいた。そして両者のカラクリが実は同じものではないのかという考えは、今も変わってはいない。そして合気の原理はこのカラクリの中にあり、だからこそ接触の合気といえどもその中に非接触合気の原理なき場合は合気現象は顕れず、そのことが「合気の技はいくら外側から見て動きを真似ても決してできない」ということの理由と考えている。

しかし、ではどうやって予定調和を操るのかという段になると、まるで雲をつかむような話になってしまう。なにせ…予定調和を操るとはいわば、自分の運命に合気をかけることに他ならないからだ。しかし、ここでよく考えてみると「運命にかける」などといってしまえば、何やら胡散臭い話になってしまうが、運命そのものをじっくり考察すれば、それは結局「人」が作っているということに気づく。

そうなのだ、人の運命とは結局、自分や自分を囲む他人が絡まって出来上がっている、人間行為の流れのことなのだ。ところで合気とは人を動かす術であるから、植芝翁のように触れずして相手の行動を制御できるまでになれば、それは即ち予定調和をもコントロールできることを意味するだろう。

私は、技の恒常性を求めていったん原初の合気に戻ろうと決心した。そして関東某市の先生から合気がけのコツを学んだ。しかしそのコツが合気と等価なのではない。何故ならすでに検証したように、それによる筋肉運動が（たとえそれが未知のものであったとしても）合気とイコールではないからだ。つまり、そのコツが見えざる世界・合気を「呼ぶ」のである。だから（これもすでに書いたが）そのコツによって合気現象が起きるとき、植芝翁が顕した非接触合気の原理が当然その中に含有されているに違いない。よって、この道を歩んでいけば（素質にもよろうが）最終的には動き方やコツなども消滅し原理そのものとなってしまう名人が出る可能性がある。

それこそ、植芝翁やエスタニスラウ神父の境地なのかもしれない。佐川幸義宗範におかれてもそうだ。保江邦夫先生の『合気開眼』の中で描かれた直伝講習での一コマを読者は覚えておられるだろうか。まさに直弟子だった保江先生なればこそ分かられたことだが、佐川宗範の手はなるほど保江先生の腕をつかんでいる形にはなっていたが、実は決してつかんでなどいなかったという、そしてそれにもかかわらず保江先生は投げられてしまったという、驚異の出来事！

この出来事こそが……合気の本質を如実に顕している、晴れた冬の夜空に凛として蒼く輝くシリウスのように。

さて、その見えざる世界（カタカムナでいえばナとカムか……）とは即ち予定調和の舞台裏ということになる。その難解極まる世界を何とか分かろうと努めているうちに、ある驚異的な真実を知ることとなる……。

その二　神の道化師

それは合気の原理が成り立つ、見えざる摂理の世界（タイムギャップのない真の今）に徘徊する、邪悪なる者の存在だ。

再度いっておきたい。この文章を書くにあたって、実は自分では相当に抵抗がある。本来、この手の文章は好きではない。しかし、書いておいたほうがよいと思い直して話を進めることにする。生理的に「合わない」と思われる読者は、読み飛ばされたい。

さて、その邪悪なる存在とは一般に「悪魔」「邪気」などと呼ばれているものだ。むろん、目には見えないが、なにがしかの目的で蠢いている。彼ら（といってよいのかどうか分からないが）の正体が何であり、何故人の邪魔ばかりをする行動をとるのかは、全く不明である。そうすることで、何かの利益を受けるのだろうか……もしそうなら、その利益を与える存在とはいったい、誰（何）

なのだろうか。

話を進めよう。合気探求に関して二人の良師を持つことができた私は、両師が教える相違点と共通点を吟味し、どうやら合気について立体的に捉えられる気配が自分の中に生じてきた。これは今までの自分の論を、画期的に進展させるに足るものだ。ところが、その考えが自分の中で育ってきつつある頃から、徐々に自分の周りの世界に変化が現れだした。それは決してよいものではない。

まず、往診のため、大阪や神戸などの都会に出て歩いていると、やたらと歩行者や自転車がぶつかってくる。何回も、何回もだ。

「バカかお前は！　兵庫県のどこの田舎に住んでいるのか知らないが、都会はどこでも人だらけ。当たり前だ」

そう、そうかもしれない。

また、こんなことも頻繁に起こる。住宅街を歩いていると、車庫からユックリ出てきた車が急加速して自分の方にカッ飛んできたり、歩道を歩けば反対方向からくる車が異様に接近し、引っかけられそうになったり、である。

「そういうのを、被害妄想というのだ。都会にいる者は誰にでもその程度の経験は日常である」

そう、そうかもしれない。

しかし一言申し上げれば、いまだに私が無事なのは、全て「あの車は（人は・自転車は）ぶつかってくる」という予想でもって回避しているからだ。その予想の根拠は、保江先生の一連の著書である。その中にも、普通だった車が急に異常運転になって先生を襲う場面などが、描かれている。

何かをつかもうとしている人間が、それをつかめる距離にまできたとき、俄然それらの存在はあの手この手で妨害してくるのだ。仮にその存在を「悪魔」とでも呼んでおこう。

ひょっとしたら、本当に近いうちに合気をつかめるかもしれない……悪魔の妨害が多くなればなるほど、皮肉にもそれが確信をかえって自分に与える。だが……。

彼らを見くびってはならない。そう、決して見くびってはならないのだ。

そして、十月二十二日金曜日のことだった。この日の夜、急に私は背中に違和感を持つ。「何だろう」と嫁に見てもらった。すると、彼女はいった。「ホクロ。だけど…何だか様子がおかしい」と。

それは背中の肩胛骨の間のやや下側、経絡でいう「霊台」のツボの付近にできていた。さっそく週が明けて二十五日月曜日に行きつけの医院に行き、背中を見せた。

それを見た瞬間、医師はいった。

「これはひょっとしたら……黒色腫かもしれん」

「来たな！……」

そう思った。

医師はいった。

「今のうちに取ってしまおう」

そして、三日後の二十八日に摘出手術を受けることとなった。取った細胞組織は検査へと回され、一週間後に結果が出る。これがもし悪性なら、即入院となってしまうのは必定だ。

悪魔……カトリックではそれを「神の道化師」と呼ぶ。その理由は、どうあがいても悪魔は神以上のことなど、できはしないからだ。だから神の立場から見れば、それがどれほど強い力を有するものであれ、悪魔はピエロに過ぎない。

神にとっては道化師でも、人間にとっては恐るべき敵「悪魔」。

神と共にあれ。
それが即ち、愛魂の道。
我が師・保江邦夫の教え。

今こそ、炭粉良三の冠光寺眞法の真価が問われる！

余章一　巨人・中村天風

予定調和を語る上で、決して忘れられない最大の御縁がある。それは、かの中村天風先生との不思議な御縁である。

四十年ほど前のことだ。私は書店で不思議な本を見つけた。それはインドに伝わるヨガという技法について書かれている本だった。今でこそヨガは万人の知るところとなり、それに関する書籍も無数にある。しかし当時は極めて珍しい部類の本だった。

今でも本屋で時々開いて見ることがあるが、しかしその書籍のほとんどがアーサナと呼ばれるポーズをとることで美容や痩身効果、あるいは呼吸法によって心を落ち着かせる効果を謳ったものであり、確かにヨガはそれらの効果を有するものだ。だが私にいわせれば、ポーズをとって健康を追求する流派であるハタ・ヨガ（今出版されている書籍のほとんどがこの流派であると思われる）以外にもヨガの流派は数多く存在し、むしろその本質はハタ・ヨガも含め座禅の源流と取るべきだろう。

インドに興った仏教にも（特に唯識派に）多大な影響を与え、漢訳仏典では「瑜伽」と字を当て、呼吸を整え瞑想することで真の自分（アートマン。唯識派いうところの阿摩羅識か）を悟り、宇宙の摂理（ブラフマン。なおこれは梵天と音訳され仏教においては守護神に変化している）との一体化を目指す。これがヨガの本懐であって、そのために眠ってしまわないように適度な苦痛を与えつつ長時間瞑想できる姿勢と呼吸法を編みだしてきたと、かつて見た本にはあったと記憶する。

それゆえ私にとってはヨガとは座禅とほぼ、イコールなのだ。

さて、だから今までの人生を振り返ると、私はどうやらヨガが武術をはじめ合気の研究や稽古に入る最も古いキッカケのように思うが、それにしても知らなかったのだ！　この中村天風という偉大な哲人を。

十年ほども前に知り、その関係書籍をそれこそ貪るように読んだ。

あまりに有名な方ゆえに、ここでいったい天風先生がどのような方だったのか、その経歴をつぶさに語るのは止めよう。しかしいっておきたいことは、天風先生は軍事探偵として日露戦争において命のやり取りを潜り抜けた真の意味での実戦武術家であり、おそらく日本人としてこれまた真の意味でのヨガをインドで修行なさった第一号であること、そして戦前戦後の日本の歴史を動かした影の偉人であることだ（このことは彼に師事した方々の御芳名を見れば一目瞭然である）。波瀾万丈の人生、やがて日本で「心身統一」を謳い、多くの人々を導き、その活動は今も財団法人天風会に引き継がれている。

エピソードなどはそれこそ無数にあるが、中でも忘れることのできないものを一つ紹介しよう。御存知の方も少なからずおられよう。

日露戦争中には「人斬り天風」と恐れられ、ロシア軍に捕らえられてついに明日は銃殺刑というときでさえ「どうせ死ぬのだから、何かしたいことはあるか」と聞いたロシア兵に「ならばゆっくり眠らせてくれ」と頼み、翌朝までグッスリ寝たという剛胆さ！　まさに危機一髪で味方が投げた手榴弾にて脱出。

そんな天風先生でさえ……帰国後に結核と告知され、余命幾ばくもなしと医師から告知されたときに味わった恐怖と絶望、救いを求めて欧米を回るもついに救われることはなく「もはやこれまで。せめて日本で死のう」と帰国の途上、たまたまアレキサンドリアにてヨガの達人カリアッパ師と邂逅（このくだりは何度読んでも目頭が熱くなる……）、北インドはヒマラヤ山脈のカンチェンジュンガの麓にてカリアッパ師の指導の下、修行すること二年半。ついに難病結核を消滅せしめるに至る！

その修行時代のエピソードだ。

日本人の目から見れば不潔、不便この上ない北インドの生活。天風先生は心のどこかで「しまった。こんな所へまでついてくるのではなかった」と後悔の念が立ち興る。いつまでたっても結核による不調は一向に治まる気配もなし。そんな中、カリアッパ師は天風先生に尋ねられる。「人間と犬とでは、どちらが優れているか」と。

むろん、人間の方ですと答える天風先生の眼前で、カリアッパ師はそこにいた犬の足を鋏で傷つけた。そして同じように天風先生の手も傷つけた、「さあ、どっちが早く治るかな」と語りながら。

「何故師匠は、このようなわけの分からんことをしたのか」

訝る天風先生。しかし……傷はどんどん化膿していく。

「こんな不衛生な場所にいるからだ。クソッ」

そして、一週間ほどが過ぎた。再び師の下を訪ねた天風先生にカリアッパ師は一週間前に足を切った犬を連れてきて、天風先生に見せた。

何と！　傷がきれいに治っているではないか！　自分の傷は化膿し余計に酷くなっているというのに……。

呆然としている天風先生にカリアッパ師はいった。

「お前は『こんな所へ来て自分の病気が治るのだろうか』と常に心に思っていたであろう！　そしてちょっと怪我でもしようものなら『こんな不潔な所で治療もせずに、もし化膿したらどうしよう』とずっと考え続けていただろう！　だからお前が考えていたとおりになったのだ！　さぞかし本望であろう。この犬を見よ。傷のことなどはとうに忘れて過ごしたからこそ、きれいに治ったのだ」

ハッと、師の言葉に悟った天風先生。このときこそ彼は知った。

「そうか！　確かに私は自分の傷が悪化することしか考えなかった。人生とは……よくも悪くも自分が思ったとおりになってしまうのか！」

偉大なる悟りだった。

「人間は犬よりも優れているといったな。ならば、その優れているはずの人間が何故、犬に負けるのだ？　悪い方へ考えて心配することが、どれほどお前の心に負担をかけているか、分かっているのか！　そんなことだから、いつまで経っても生きる力が湧いてこず、病が治らないのだ。たとえ体が悪くとも、心にまで負担をかけるな！」

それは予定調和を操ることのできる達人が、新たに一人誕生した瞬間だった。

このエピソードは特に有名なものなので、すでに御存知の方も多くおられよう。私もこのエピソードを知ってからというもの、自分に何か都合の悪いことが起きるたびに、これを思いだした。心配することで、心に負担をかけてはならない。そんなことをすれば生命力が、運気が落ち、結局自分が恐れていたようになってしまうのだ。全ては自分が作りだしているのだ、と。

ところで……私の母は長い間、ある病を患っていた。父の仕事が不調続きの中、その病をおして必死に洋裁を続け、家計を助けた。その病を、私の術が助ける。二か月で、それは完治した。母の洋裁を買って下さっていたお客様に、神戸市須磨区にお住まいの御高齢の女性がいた。彼女はある日、昔の黒の羽織を洋服にリメイクしてほしいと母に依頼された。母がその羽織を受け取ると、裏地に何か書いてあることに気づいた。そして母が尋ねると、その方は何と、こう語ったのだ！

「ああ、その裏地はもう必要ありませんねえ。中村天風という方が書かれたものなんですけれども」

そのときの母の驚きようたるや、なかったという。

「え！　天風！　天風先生の書ですって?!」

天風先生のことを御存知なのですかと問われて、すっかり興奮状態となった母は、自分の息子が中村天風という偉人について研究し、その中から何かを必死につかもうとしている旨を語

る。それを聞いたその方も驚きいわく、

「実は私がまだ子供の頃に、天風先生が神戸にお越しの際、我が家にお寄りになったことがあるのです。私も子供心に『何て素敵でハンサムな先生だろう』と思っておりました。それで先生は母に対して、絵や書を書いて下さいました。それが今も我が家に残っております。あなたの病を治すほどの息子さんのこと。これも御縁というもの。その息子さんに……御修行の励みにと、天風先生直筆の書をお譲り致しましょう！」

その申し出に母は再び驚いたとのことだが、それを聞いた私の驚きようたるや、母どころではなかった。まさか、まさか……あの天風先生と御縁のある方から、直筆の書をいただけるなど、夢にも思っていなかった。

思えば……実はすでに他界されて久しい天風先生だが、せめてその薫陶を少しでも受けたいと神戸まで出向き、天風会にノーアポで乗り込み（嗚呼、自分はこの頃から少しも成長してないなあ。例の岡本の健整堂の院長先生からも「ノーブレーキ炭粉」とあだ名されるし）受付の方にビックリされたり……しかし、こんなサプライズが待っていたとは！

菓子折り下げて母と共にその方の邸宅を訪れ、その書を無償でいただいた、あの日。さっそくその書をきれいに伸ばし、額に入れてもらうために業者に渡せば……その大将が驚き叫ぶ。

「このサイン！　中村天風じゃないか！　よくこんなものが出てきたなあ……」

そしてその書は、狭い我がアパートの居間の壁に今も飾られている。

だが!!　天風先生との御縁は、実はこれに留まらなかったのだ！

それから数年後のことだ。嫁の実家から電話が入る。何でも、昔嫁が世話になった大先生から嫁に宛てた手紙がタンスの奥から出てきたとのこと。

その大先生とは、名前は伏すが、戦後日本の放送界を支えた著名な方。その御名前はもちろん、先生が育てた歌手や俳優の名を挙げればそれこそ、日本中の人達が知っているという方だ。実は我が嫁は大学時代、その先生の下で（これも本当に凄い御縁なのだが）ある技術を学んでいたのだ。その技術はその後の彼女の人生を支え続ける素晴らしいものとなる。そんな大先生からいったいどんな手紙が嫁に渡ったというのか。

嫁は、スッカリ忘れていたという。

そして、実家からそれを受け取り帰宅した我々が、古く茶色に変色した今は亡きその先生からの手紙を丁寧に引っ張りだして……見たときの衝撃を、いったいどう表現しよう。

手紙には、こう認められていた。

「さあ、これからは私があなたに教えたことを充分に使い、羽ばたいて下さい。種々なことが起こるでしょう。反省は大切ですが、しかし反省のし過ぎは進歩を止めてしまいます。常に積極的に考えを進めましょう！　これは我が師の教えなのです。こう見えても私は……」

そのときの我々二人の感動と共に、その手紙の最後に書かれていた言葉でこの章を終えることにしよう。

「中村天風先生の、弟子なのです！」

その三　屈しない心

摘出手術は無事、終わった。

取り除いた細胞組織を検査に回す。良性か悪性か、結果は一週間後に出る。願わくは、この一件が充分に「彼ら」を私に引きつけることができるように。そう、「彼ら」のために、私の周りの方々に禍が回ることがあってはならないのだ。

母や嫁は、かなりの衝撃を受けた様子だった。しかし私自身は、ケロッとしている。騒いでみたところで、始まりはしないのだ何も。

しかし何せ背中の真ん中をくり貫いたわけだから、しばらくは日課の鍛練もできない。辛いといえば、そのことが辛いか。

ところで、前述したように今回くり貫いた所は経絡でいう「霊台」のツボのあたりだ。東洋医術者の中には「病人を治療していると、その病人の邪気をもらってしまう。それをこのツボから抜くのだ」という人もいる。私にはピンとこないが、まあそういうこともあるのかもしれない。だとしたら、今までの邪気が溜まってフン詰まりを起こしたともとれる。もしそうなら、ここをえぐられることで鍼治療や灸を施されたに等しい効果が期待できる。

鍼灸治療の原理を皆様は御存知だろうか。それは、たとえば胃袋が悪くなったとする。胃は体の中にあるから、手術しない限り直接には触れない。しかし体の中には経絡という、各々の臓腑に由来する気の流れが存在する。その経絡は体の内部だけでなく、そこから外側に出て体表をも走る。そしてその道筋の中で特に臓腑に強い影響を与えるポイントが、俗にいうツボ（正式名「経穴」）だ。ところで胃袋のツボとして特に有名なのは足にある「三里」だが、鍼灸ではここを鍼（針）や灸でわざと怪我をさせたり火傷を負わせたりする。すると体の自然治癒力がその箇所（この場合なら「三里」）に集中することになるが、「三里」は胃に由来するがゆえに、その治癒力は胃袋へと向かうわけだ。こうして疾患ある臓腑を治療するというシカケである。

それが私の場合には何と「霊台」！　しかもくり貫いたのだから、鍼灸のレベルを超えたダメージを与えたことになるではないか！　自分の自然治癒力はそれこそフルパワーで「霊台」に向かうに違いない。このツボは特定の臓腑に由来しているわけではないが、臓腑以上の何かに由来していると考えられるため、正直ちょいと楽しみというものだ。

皆から邪を自分に引きつけ、それを一気に払い捨て、その結果、覚醒ッ！　などと能天気なことを考えている。やれやれ。

しかし能天気ついでに……そういえば連載が終了してもう二十年以上経つにもかかわらず、今なお一向に人気が衰えない劇画『北斗の拳』の中で、ラオウに経絡秘孔を点穴（急所を指などで攻撃する中国拳法の技）された南斗水鳥拳・レイが自分の寿命と引き換えに技を異様に進歩させるため、ケンシロウの兄弟子トキに治療を願いでた際、トキが使った秘孔も「新・霊台」だったなあ。

〝心穏やかに、結果を待とう。

余章二　狐狸乃里

あれは八月末頃だったか、岡山の保江先生から「関西方面の方からスマイルリフティングに問い合わせがきているが、男性か女性かが分からない。どうやら炭粉さんに会いたがっているフシがあるが、どうするか」と連絡がきた。合気上げを一般用に改良したスマイルリフティングは今現在、その指導は女性には開放しているが、男性はお断りしている。その理由は、男性だとどうしても「絶対に上げてやる！」「上げられてたまるか！」という余計な思念が入り、真の意味での冠光寺流合気上げを伝えづらく、またマスターしにくいからである（み…耳が痛い！　私も、そうだった）。

しかし、男性でもむろん興味を持つ人はいるだろうし、相手がマスターできるかどうかは別として、少なくともコーチ側は絶対に相手を上げてみせなければ意味はない。私がいう、技の恒常性である。だから、先生に申し上げた。「それじゃ私がコンタクトを取ってみます。女性ならよし。しかしもし男性なら……この炭粉にお任せ下さいませんか」と。

快諾を賜った。で、その問い合わせの主にこちらから連絡を入れたのである。

はたして、男性であった！　しかも山本と名のる彼は、女性専門だということを重々承知で、問い合わせてきたというのだ。

「さて、どうしたものか……」

一応、そう思案するフリを自分で自分にしてはみたが、心はハナから決まっていた。

「よっしゃ！　どんな奴でも必ず上げたる！」（おいおい、それがアカンねんやろ……）

とはいえ、まずは敵情視察である（笑）。その山本という男性は、何でも大阪市東成区で飲食店を経営しているという。そこで大阪方面に往診で出かけた際に、伝えてきた住所を頼りに寄ってみた。

おお、あった！　屋号は「狐狸乃里」か……。

「すみませ〜ん」

「あ、いらっしゃ〜い！」

全席カウンターの店である。

「ビールと餃子でももらおうか」

「はい、ありがとうございます」

「………」

黙って、じっとその男を見ていた。髪型や童顔から若く見えるが、年の頃は三十代後半から四十代前半か。背は私より低い。体重は六十キロ台。腕の筋肉は若く強そうだ。しかし格闘技系で鍛えたものではなく、たぶんジムにでも行っていたのだろう……。

この男がおそらく連絡してきた本人だと判断し、本来は今回は視察だけにしておこうと思っていたが、餃子ができる前に、いった。

「今日は。炭粉良三です。山本さんですね」

「え……」

しばらくポケッとした表情になり、すぐに我に返った。

「え！　えー！　炭粉さん、ですか。来て下さったのですかッ!!」

「はじめまして」

「はじめまして」

とても人なつっこい好漢である。

実は、一目見た瞬間から分かっていた。目付きだけで飛ぶ鳥を落とすような東京の拳友や坪井将誉のごとき人種ばかりと接してきた自分にとって、これほどに普通の男子と知り合うのは、むしろ珍しいことだ。

しかし、その普通の好漢・山本君がまた、何ゆえにスマイルリフティングに興味を示し、炭粉とコンタクトを取ろうとしたのだろうか。

聞けば、店の客に大東流をやっている人がいて、その人を通じて拙著『合気解明』を知り、実際に合気上げを是非受けてみたくなったとのこと。スマイルリフティング協会だけが接触する方法だったが、女性専門とのことだから諦めかけていたという。

「まさか、わざわざ炭粉先生のほうから訪ねてきて下さるとは……ありがとうございます！」

「じゃ、餃子を食べてから」

ブンブン、上げて差し上げた。

驚く山本君。以来、大阪に出向く際にはなるだけ寄って、合気上げをコーチすることとなった。気心が知れるに従い、彼の事情も徐々に分かってくる。病弱の母を守り、孤軍奮闘する姿は（彼は独身である）なかなかにあっぱれである。しかも、母に合気の治療効果を与えたいという。

そうか！　それで何とかコンタクトを取ろうとしてきたのか！　親孝行な奴……。

「この男には、何とか合気を伝えたい」

心から、そう思った。合気は誰にでも通用しなければ、意味はない。しかし教える段になれば、むろん誰にでもというわけにはいかない！　好漢・山本君なればこそ、だ。

そして、やはりこれも予定調和だったに違いない。何故なら、先日訪ねた際に彼が作ってくれた旨い焼き飯をいただいていたとき、つけているＦＭラジオからは、イーグルスの「デスペラード」が流れてきたのだから。

で、十両に。

「炭粉先生、そんな手術してすぐに動いていいんですか」

「大丈夫、大丈夫！　こうやって、ちゃんとビールも我慢してるやろ」

「けど、これから昭和町の十両へ行きはるんでしょ？」

「うん、そのつもりやけど」

「なんぼウチで禁酒しても、向こうで飲まされますよ、多分……」

「別状ない別状ない！　俺は意志が強いねん！」

「何やて禁酒ぅ〜？　アホいうたらアカンわ、炭さん！　そんなもん、ただのホクロに決まってまんがな！」

と、マスター。

「たとえ悪性でも、んなモン、ビールでぶっ飛ばし！　何？　飲まへん？　私のビールが飲めへんのん?!（怒）」

と、川畑姫。

来るんじゃなかった（汗）。山本君、アンタは正しい！

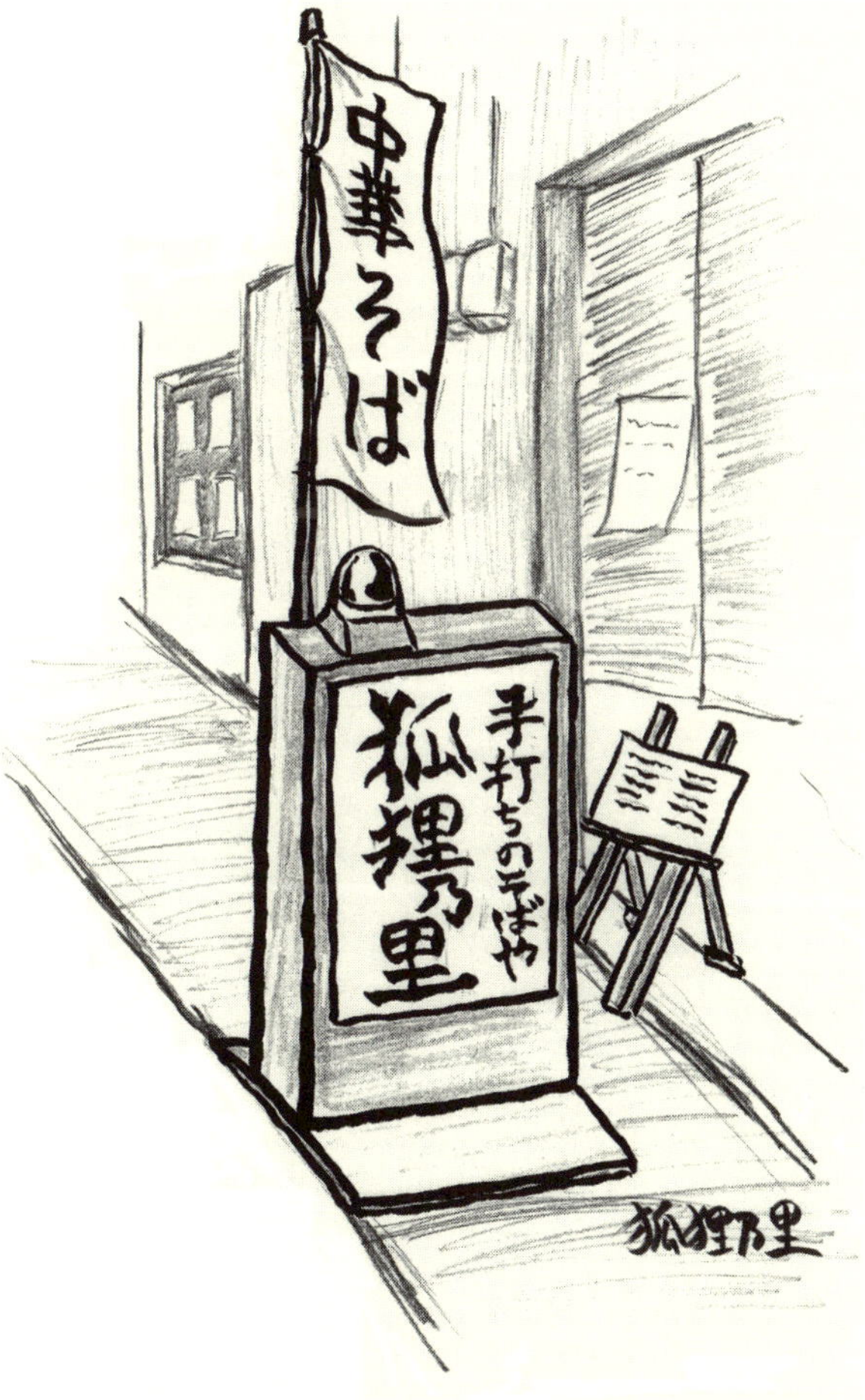
中華そば
手打ちのそばや
狐狸乃里
狐狸乃里

その四　シュレーディンガーの猫

そして、運命の日が巡ってきた。

検査に回した我が体の一部が悪性か良性か。むろん悪性なら、なにせ相手は癌である。私はたちどころに入院ということになってしまうだろう。しかし自分としては、どっちでもよかった（といえば語弊があるが）。つまり今まで本当に好きなように生きてきたし、素晴らしい方々とも出会えた。さらに人生最大のテーマとなった合気に関しても、少なくともその実在を知ることはでき、また自分でいうのもおこがましいが、自分なりにその謎を探究することもできたのだ。

思い残すことは、少ない。

そう思って淡々と過ごした。周りの人達から邪を払うにも、その方がよい。一度私に引きつけておいて、それで私が動じなければおそらく、彼らはいったん諦めてくれるだろうとも思った。

勝負だ！　退けサタン！

しかしその代価が自分の死であったとしても、そのときはそのときだ。それに……たとえ悪性であったとしても、死ぬとは限らない！　いくらでも治療の可能性はあるではないか。

「俺は、運が強いのだ」

そしてその日、往診が終わり帰宅して休んでいるときに、携帯が鳴った。摘出していただいた外科医院の院長先生が、わざわざ電話をかけてきて下さったのだ。

「早く知りたいだろうと思ってな。結果は良性、単なるイボだったよ！」

よかったな、と語る院長先生に相槌を打ちながら、しかし思った。そうか、良性だったか……やはり道化師の舞いだったんだなあ、と。

何はともあれ、よかった。御心配をおかけしてしまったことへの御詫びと結果報告を保江先生はじめ皆様にお伝えして、この一件は落着した。

さて、その結果が出るまでの間、私は淡々と業務をこなしていたが、何やら「これってまるでシュレーディンガーの猫みたいだ」などと勝手に思っていた。

読者は、量子力学の世界では有名なパラドックス(矛盾)である、この思考実験を御存知だろうか。本当は哲学者になりたかったらしい有名な物理学者シュレーディンガーが、量子力学に関して多大な功績を残したにもかかわらず、その学問に対して問題を提起した際に示したものだと関係書籍で読んだことがある。

実は私は中学生の頃、天文少年だった。親に頼み込んで買ってもらった高橋製作所の口径十六センチの反射式天体望遠鏡が宝物だった。だから天文関係や、アインシュタイン博士の相対性理論、それに量子力学等の本をよく読んでいた。といっても勉強は大嫌いだったから、興味本位のかじり読みである。その頃からSFは大好きだったし、今もそうだ。

で、あらゆる科学のうち、この量子力学は本当にもう、我々素人が読めば「ホンマかいな!」のオンパレード、まさにトンデモに見えるのだが、それだけに面白く、読めば読むほどこれまた昔から興味のあった東洋哲学にも何やら似ていて、一時大いにハマったことがあった。しかしその中でも、この「シュレーディンガーの猫」という思考実験は自分的には「ホンマかいな」度ナンバーワン!

それは今もって変わらず、ずっと頭に引っかかっているのだった。

何せ、我が師は世界的な物理学者・保江邦夫先生である。「炭粉よ、それは違うぞ！」とお叱りを受けること覚悟で素人理解を開陳すると……。

今、外からは中の様子が一切見えない箱の中に一匹の猫を入れる。そしてその箱の中には毒ガス装置も入っている。その装置はある粒子が飛びだしたら反応し、作動する。すると猫は当然死んでしまう。ところが、その粒子が飛びだすかどうかは確率でしか分からない。仮に後一時間内にその粒子が飛びだす確率が五十パーセントだとすると、一時間後にその箱の蓋を開けて猫が死んでいる確率も同じく五十パーセントだが、蓋を開けなければ中の様子は分からないから、蓋を開けない一時間は猫は生きている状態と死んでいる状態が重なり合った、いわば半死半生の状態だというのである。だからこのことは即ち、観測者が蓋を開けたまさにその瞬間に猫の生死が決定される（これを観測問題というらしい）とのこと。

そもそもこの理屈の根拠は、我々が想像もつかないミクロの世界の不思議な出来事、たとえば電子は通常は「波」なのに観測者がそれを観測した瞬間に固まり（？）粒子になってしまうという性質かららしい。で、ミクロが集まってマクロ（つまり我々が普通に見ている世界）が出来上がっているのだから、マクロの世界だって同じことのはずということなんだそうだ。早い話が「月は、我々がそれを見たときはそこにあるが、見ていないときにはそこにはない（波になっている）」とのことで、次に月を見たときにそこに月があるかどうかは、確率でしか表せないらしいのだ。

んなアホな！

月はたとえ我々が見てなくても存在するはずだし、さっきの猫だって箱の中が見えないだけで、死んでるか生きてるかの結論は我々が蓋を開ける以前から決まっているはずじゃないか！　それを半死半生の状態が重なる？　そして蓋を開けたときにこそ決まる？　何を寝ぼけてるんだ！　と、普通我々は思う。けれど、どうやらこれが真実らしいというのだから、ちょっと我々の理解を超えたものなのだ。

ただ、合気のことに考えを巡らせ「タイムギャップのない真の今」だの「カタカムナ」だのと考えていくうちに、最近妙に納得できるようになってきた。つまり……我々がいる真の今は粒子（個体）として存在するが、その前後（即ち過去と未来）は「もはや」そして「まだ」ないわけで、だから波の状態となる……。

こう考えた場合、私の出来物が悪性か良性かの結論もいわば同じようなものなのかもしれないと思ったのだ。検査する人が観測したときに、決まる。しかしそれを決める摂理とは、いったいなんなのだろうか。

そんなことを考えながら過ごしていたのだった。しかしこれに自分の論を当てはめると、我々は脳の性能上、もはや過去の波となってしまった状態の残像を今と勘違いしていることになる。そして真の今とは「カム」つまり神の摂理そのものなのではないか。その摂理が動いてくれたからこそ、私の場合「良性」と結果が出たのではないか。

何だか、そんな気がする。

先生も「神と共にあれ」と極意を教えて下さったし。そして……中村天風先生や植芝盛平翁の教えとも妙に符合してくるのである。

その五　時空を超えて――天風先生再考

余章一にも書いたように、私が中村天風という哲人について色々と調べて研究した頃は、しかし合気云々を真剣に考えだす前だった。だから天風先生の教えも多分に「精神論」と受け取っていた。だが、一連の合気考察に照らしてもう一度考え直してみると、その教えがまた違った光を放って見えてくるのだ。

まず、天風先生は日露戦争をとおして文字どおり真剣で斬り結んでこられた実戦武術家である。だが晩年は合気道をこよなく愛されたという。それは、その技の中に一瞬で勝敗を決する勝負の機微があったからだと伝え聞いた。

ところで、天風先生の教えの中に「心が身体を動かす」というものがある。植芝盛平翁がまだ御存命中に最高段位・十段を許された唯一人の達人、藤平光一先生は、天風先生のこの一言で悟られたという（藤平光一著『中村天風と植芝盛平　氣の確立』東洋経済新報社、一九九八年）。しかし私は、長い間その言葉の真の意味が全く分からなかった。

「心が身体を動かすなんて、当たり前じゃないか。たとえば俺達は食べたいと思えば食べるのだから。なんでこんな当たり前のことが大事な教えなんだろう……」

と、鈍才・炭粉良三はずっと思い続けてきたのだ。ところが、背中の出来物に黒色腫の疑いがかかった最近になってハタと思い至った。

「そうか！　天風先生のいう心とは、我々が一般にいう心とは異なるのだ！」

私達が心だと思っているものとは、全く違う心。その存在を誰にでも分かっていただけるよい例がある。ピアノなどの楽器を習っている人の発表会、スポーツや武道をやっている人の試合など、何でもよい。自分が人前で何かをやらなければならないときの、あのアガる気分やプレッシャー……いやそれ以外にも、初めて自分の好きな異性に告白しようとしたときの気持ち（この方が、分かりやすいか・笑)。大概の人は御経験があろう。

あの状態のときは、いくら自分で「アガるな！　アガるな！」と思おうが、ますます心臓はドキドキ、足はガタガタ。そうなのだ。自分の心で自分が制御できないときが存在するのだ。そう！　私は今まで「心が身体を動かすなんて当たり前」と思ってきたが、実はこのように心でも身体が自由に動かせないことがあることに気づいたのだ。

黒色腫かもしれないといわれても、淡々として過ごしたと書いた。それはそのとおりである。しかし不思議なことに、日常の何でもないある動きが突然できなくなっていることに気づき、愕然とした。「あれ？」何回やろうとしてみても、できない。だからといって、決して難しい動きなどではない。そのときに悟った。

「そうか！　スポーツ選手達が、出場する大会にベストコンディションで臨んだにもかかわらず、また自分では心に何のプレッシャーも感じていないと思っていたにもかかわらず、いざ競技に入るや……身体が全然動かない事態がときとして起こると聞いたことがあるが、こういうことだったのか！　自分の心がストレスを感じ身体を動かせなくなっていることに、自分の心が気づいていないのだ……！」

実は、心は二層式なのだ！　心臓ドキドキ、足ガタガタ状態に陥らしている「心」が、まず存在している。そしてその心は我々の意識できる心より発生が時間的に早い！　だから、意識でその状態をどうすることもできないのだ。

天風先生がいっておられる心とは、実はその早い方の心のことなのか！　だからこそ、カリアッパ師はいわれたのだ。心配することで、心にまで負担をかけるな、と。

嗚呼、今まで、分からなかった！

心配するのは心のはずなのに、その心がさらに「心に負担をかける」とはいったい……と。まさに、そう、心は二層になっているのだ。そしてその「早い心」が我々の生命を、身体を支配しているのだ！

合気は相手のその早く発生する心の方に影響を与えるのだ。その状態を、人工的に作る業というべきか……だからこそ天風先生は、合気道を愛されたのだ。間違いない！

「魂」という言葉を使うよりは「発生が早い心」といったほうが、読者に抵抗感・拒否感が少ないかもしれない。むろん、潜在意識といってもよいのだろうが、顕在／潜在というとまた何やら分かりにくくなる。先ほどの例、特に異性に対してのドキドキガクガクは「潜在意識」というような大層なものではなく、我々にとってはもっと身近なもののような気がする。

そう、我々の普通イメージする心のすぐ前にある、先行する、自分ではどうすることもできない「心」。それが人の身体の動きに決定的な影響を与えているのだ。

そこを、突けばよい！

それにしても……せっかく「魂」という宗教的な言葉を排除してはみても、上記のことを考えるにあたり、宗教者ではない私がそれでも深い感慨をもって思いだすのは、新約聖書におけるイエス・キリストの言葉なのだ。

「あなたがたは、いくら思っても、自分の髪の毛を白くも黒くもできないではないか」

「あなたがたにからし種ほどの信仰があれば、山も動いたであろうに」

（「マタイによる福音書」５：36、「マタイによる福音書」17：20）

これは……明らかに「遅い心」と「早い心」をいっているのではないか！

「困ったときの神頼み」とはよくいったもので、誰でも経験がおありだろう。しかし、これは『合気解明』でも語ったが、全くのムダというものだ。けれども宗教の熱心な信者の方であっても、これと同じレベルの人は実は多いのではなかろうか。

信仰とは、「発生が早い心」の方に持たなければ意味はないと、イエスはいっているのだ。自分に不都合な何かが起こり、「神様お願いします。私を救って下さい」とガタガタブルブル震えながら祈ってもダメ（というか、遅い。我々が緊張感をどうしようもないのに同じ）！　早い心に確固たる信仰があれば、それが体の動きに決定権を持つがゆえに、だいいちガタガタブルブルなど起こり得ないではないかと、彼はいいたいのではないか。だが、そう考えを進めていくうちに、さらに新たに閃いたことがある。

いや、待てよ。心はなるほど二層式だが……もう一つ、ある！　さらにさらに、その奥に……。もはや、やはり、どう転んでも「魂」としか呼べない何かが。

癌ではなく良性の単なるイボであると判明し、明日の抜糸を待つ私であるが、武術の修行とは誠にもって、様々なことを教えてくれるものだと感謝の気持ちが自然に興る。何故なら、終わりなき修行の日々を送ることで、今は亡き偉大な師からも……。時空を超えて、このように教えを受けることができるのだ！

武術に限らず、何か一つの道を進む者のこれはおそらく、素晴らしい「特権」なのだろう。

その六　古刹へ

検査の結果良性だと分かり、手術跡の抜糸も終わったとはいえ、やはり両肩胛骨の間の肉を直径1センチの円錐形にくり貫いたのだ、しばらくは無理な鍛練は控えるしかない。元どおりに肉が盛るにはかなりの時間がかかると、医師も語っていた。

往診が終わり、帰宅して本を読んでいると、久し振りに件の古寺（『合気解明』41頁）から連絡がきた。聞けば、御主人がぎっくり腰になられたとのことである。ついでに奥様も診てほしいとのことだ。まだ時間が早かったので、一路その神戸の山奥にある寺に向かった。

着いてみると、前に訪れたときには正門や本堂に被せられていたカバーも取り除かれていて、長らくかかっていた何十年振りかの大改修工事も、ようやく終盤を迎えているようだ。何せ、並の寺ではない。建立千二百年の古刹なのだ。全国から集まった宮大工が腕を競い、有名大学の調査チームも参加している大仕事。その正門には、付け替えられた新しい欅の柱が渋く光っていた。御夫婦の治療を終えると、次男坊三男坊が待ち構えている。スマイルリフティングの特訓を待っているのだ。

思えば、この次男坊を人差し指で上げたのが、私にとっての合気入門の契機となった。あのときは……。

「どうせ人間の力なんか、たかが知れているのだ。この古刹におられる御仏よ、どうかお力をお貸し下さい」

確かに感じた神仏の気配にすがり、気がつくと「見えざる神の一回転」発動の下、その次男坊は高々と見事に上がったのだった（『合気解明』44頁）。

その後、治療がなくても時折訪れ、この二人にスマイルリフティング講習を行ってきた。しかし、不登校に陥っていた次男坊も無事学校を替えて復学し、私ともそうそう時間も合わなくなって、かなり経っていた。そして…その次男坊のスマイルリフティングを見て、驚いた！

「見事！　これはもう、スマイルリフティングというよりは、正式な合気上げだ」

三男坊を相手に、その相手をズバッと立たせてしまう冠光寺流の合気上げを何回も、何回も成功させたのだ。美しさまで、備わっている。

「お前、いつの間に……」

「練習したっすよ。もう、人差し指でもできると思います」

「う～ん、見事だ。では今度は俺を上げてみろ！　俺はそう容易くは上がらな……オッ！　オオッ！」

全力で押さえつける圧力をものともせずに、彼は難なく私を上げてしまった。

「今まで様々な人に教えてきたが、これほどの会得を見たことがない……」

内心、舌を巻いた。

こうなると、まだまだ不完璧な三男坊（ゴンタ盛りの中学三年生）はたまらない（笑）。盛んに悔しがるが、それは仕方がない。

「練習あるのみ！　できるようになりたければな」

「………はい」

そして、思った。やがて三男坊もこれが自由にできるようになったとき、この二人の技を単に合気上げだけに留めおくのは、いかにももったいない話だと。

「情報では、保江先生は来年から合気道に冠光寺眞法の合気（愛魂）を導入して植芝盛平翁の合気道を復興されるとのこと。岡山に合気道の道場を持たれたなら、君達たとえ月に一度でも先生の下で合気道をやってみてはどうか」

将来僧侶になるにしても、武術のできる坊さんなんて、なかなか渋いぞ！　と、半分本気で促してみた。

「そうっすね。考えてみます」

すでに寺に入った長男はもちろんだが、この二人もいつの間にか身長は百七十五センチを超えてしまった。三男坊など、初めて会ったときはまだ小学二年生の小さい男の子だったのだ。それが本当にあっという間に大きくなった。

帰り際、皆さんで見送って下さったのだが、この兄弟と並ぶと……。何のことはない、今や自分が一番チビになってしまった。「先生、小さくなっちゃいましたねえ」と奥様。小さいといわれて、初めてカチンとこなかった。彼らは合気と共に、成長しているのだ、スクスクと。

「でも検査の結果が良性で本当によかったです。何か先生、いい顔色になりはったですよ」

それは気のせい、気のせい（笑）。

合気を求めて流浪するしかない身ではあっても、何だかここへは、来るたびにホッコリするなあ。

さあ、家に帰ろう。最大の目標であった日が、近い！

その日私は竹馬の拳友を合気上げすることを、彼と約している。同窓会のため、東京から戻ってくるのだ。待ち遠しい！
その頃までには、手術跡も癒えるだろう……。

その七　ささやかな進歩

パーキンソン病の方の治療には、相変わらず苦戦を強いられていた。合気上げは、できる。だが、遅々として進まぬ治療効果。しかしながら、そんな中である日、驚くべきことが起こった。何と、男性の鬱病が治ったのだ！

私は今までこれを大の不得意としてきた。過去に一度、実際にたずさわったことはあったが（内容は伏すが）患者と治療者双方共に、ひどい目にあったのだ。そしてその後、何故男性と女性とがこんなに違うのかを必死に考えた。何故なら、女性の鬱病治しは反対に大の得意であり、合点がいかなかったからだ。

それに関係する書物を読んで知ったのだが、どうやら男と女とでは脳の構造が異なるらしい。それによくいわれるように、女性の方が数倍、ストレスに強いらしい。早い話が、女は強い！　だから、たとえ鬱になっても治りが早いのだという理解は、前からあるにはあった。

ところが、最近読んだ霊長類に関する本に興味深い実験が載っていたのだ。それによると……。チンパンジーのオスとメスとを、それぞれ樽の中に入れ、自力では脱出できないように首かせをはめておく。そしてその樽の中に徐々に水を入れていくのだ。するとオスの方は最後まで必死にもがき悲鳴を上げ続けるのに対して、メスは初めこそ暴れるが、やがてその水が入ってくる状況を受け入れ、おとなしくなるというのだ。

チンパンジー君達には誠に気の毒な実験ではあるが、しかしこれを知ったとき、妙に納得した。これもよくいわれることだが、女性は出産という大仕事をしなければならない。この出産時に受けるストレスと痛みを人工的に作りだして男性に与える実験をすると、屈強な者でも数秒で気絶するという。だから、女性はやはり強いのだ（何？　そんなことはいわれなくてもよく分かっている？　失礼致しました！）だから鬱病に万が一なったとしても、すぐに治って下さる。だが、男性は、そうはいかない。

この男性患者はすでに八十歳を超えており、なおかつ大変に穏やかな性格の人だったゆえ、はっきりいって鬱になるとは私も想定外だった。もう長年のお付き合いになるが、認知症にならないようにと予防のための治療を続けていたのだ。だから、この人に鬱病の症状が現れたときには、焦った。しかし、本人にはその治療に切り替えるとは告げずに（というのも、男性の場合、まず自分がその病気だと認めたがらないからだ）密かに女性の鬱病治しと同じ治療を施したのだ。ただし、もうそんな年齢の人をまさか合気上げするわけにもいかず、それはナシで治療した。その代わりに、身体に触れる際に自分の手に例の関東式の合気をとおしたのだ。むろんこの男性は心療内科にも通っていたので、私の治療が全てだとはいわない。しかし……もし、もしもだ、その技で快復したというのなら、ここでも冠光寺流合気上げの効果を関東式が代行したことになる！　それが事実だとしたら、これは私にとって大いなる意味を持つ。即ち、両師の合気がまたしても重なったのだ！

合気の種類は、ある。だが、原理はあくまで一つのはず。この自分の考えにまた一つ、確信を与えるための出来事を得たようで、嬉しい。

パーキンソン病よ、待っておれ。お前も必ずや……精進を積んで、撃退してやる！

その八　拳友と合気上げと

十一月二十二日、その日は夜から同窓会が行われることになっていた。竹馬の拳友も帰ってくる。それまでに全往診を終われるようにスケジュールを組み、その最後に件の須磨の方の邸宅を訪れた。天風先生とその方との御縁を描く部分の原稿を見ていただくためだったが、治療依頼もして下さったのだ。

座敷に座りその方を待っている間に、思った。

「かつてここに、まぎれもなく、天風先生がいらっしゃったのか……」

遺徳が、風のように漂ってくる。静かだった。

以前にも天風先生の書や絵をいただいたが、ありがたいことに今回もまた、先生が描かれた素晴らしい鳥の絵と、同じく先生直筆の字が書かれた扇子とをいただいた。扇子はどこにでも持ち運びができる。だから、これからはこれを肌身離さず持っていよう！　何ものにも勝る、護符である。

さて、それから須磨の邸宅を辞し、一路同窓会場に向かった。

楽しい宴会はあっという間に終わり、二次会に流れた。酒量も相当なものである。その二次会もお開きになる頃にはとうに日付けも変わり、二十三日の午前二時半。どうせもう電車もないのでと、最後は竹馬の拳友と二人で朝までやっている店で今少し飲み、そして彼をホテルに送りがてら、トイレを借りた後に部屋で合気上げをした。

二人共、もうずいぶん飲んでいるので覚束なかったが、それでも関東式の上げは何とかできた。ただし、拳友は立ち上がりはしなかった。腕を上げるだけの、一般の合気上げに終わった。むろんその後、私が学んだ方法を彼に語り、彼も私を不完璧ながら上げることができた。何と、私の腰が浮いたのだ！

さすがである。

さて、その後で彼と別れ、とにかく歩けるだけ歩くことにした。そのうちに電車も始発の時間となるだろう。

歩きながら、考えた。

関東式で上げる場合は、相手が立ち上がるときと立ち上がらないときがあることはすでに記したが、何故拳友は立ち上がらなかったのだろうと。

何とか朝帰りを果たし、せめて昼までゆっくり眠ろうと考え寝床に入れば、こういう日に限って急患の依頼電話で起こされた。これだけは十三歳のときからずっと続けている日課の行水で喝を入れ、昨夜の雨とは打って変わって素晴らしい秋晴れの中、患者宅に向かう。あれほど飲んだのに、酒は全く残っていなかった。気持ちのよい朝だ！

六甲山の中腹にある、その患者宅で急な腰痛の治療を終えた。そしてその帰りがけ、真っ青な秋の空と紅葉迫る六甲の山々の光景の中、今日から持ち歩いている天風先生の扇子を、ふと開いてみた。


「何て素晴らしい字なんだろう……」

まさにそのときである！

我が心に、稲妻が走った！

その九　過去最大の気づき

「俺は絵も字も今まで習ったことなんかないよ。だけど俺が描くものはどれも、生き生きしてるだろう！」

生前、天風先生はこう語っていたと伝え聞く。件の須磨の女性も、こう証言される。

「何しろ、少し時間があればサラサラと何か書いておいでででした。そしてそれらの作品を惜し気もなく私達に下さるのです」

秋晴れの空の蒼に雲の白、紅葉の山の赤……。輝く太陽の光に黒々と墨痕も鮮やかな天風先生の美しい書体。嗚呼、こんな素晴らしい作品を、先生は何も下書きせずにただ書かれたのだ、サラサラと……。

次の瞬間だった！

「アッ！　そうか！！！」

そうだったのか！

準備しない心！

用意のない心！

充分だった、それで！　扇子をパチンと閉じて一礼。それから一足飛びに下山し、往診に行く先々で思うところあって割り箸による合気上げを次々に試みる。

皆上がる！　皆々、上がる！

「ええッ…！」と低く唸りながら、皆の体がビクッと反応して腰が浮き、脚が伸びる。

そうだったのか…こんな簡単なことを気づくのに、どうして今までかかってしまったのだろう。説明しよう。親愛なる読者よ、どうか聞いてほしい。合気上げを例にとろう。我々は合気上げの際に、全く経験や知識がなければ筋力で上げようとする。で「力を抜け」といわれたら、そうする。だがどちらにしても、普通は上がらない。これは要するに、力を入れるにせよ抜くにせよ、そのように我々の意識がまず「準備」しているのだ。たとえ腕はまだ動かしていなくても「上げるぞ」と、意識が準備状態をまず作る。これが、いけないのだ！たとえば我々が頭を掻こうと腕を上げるときに、その上げる行為に対する意識の準備などない。それと全く同じことをすればよいのだ。するとどうなるか。

人間とは誠に不思議で、自分が腕を上げる準備を意識でしてしまえば相手も意識で阻む準備に入ってしまうのだ。だが、こちらに一切の準備がなければ……その心に準備なきがゆえに、準備なき動きとなった自分の腕の動きが相手に伝わって（このときに体の「遊び」のない独特の一体感が生じる。これこそ昔、埼玉の大野朝行先生に教えていただいた「結び」か……）、相手の「意識より早い心」が反応し、後からくる意識は置いといて、とりあえずその動きにシンクロしてしまうのだ！

思えば、私が感覚的に悟った「骨の動き」とは、このことだったのだ。

意識が準備する場所は、むろん相手につかまれている手首あたりだ。ここをとにかく何とかしようと準備に入るのだ、普通は。力モードでも、脱力モードでもだ。普通モードの下での「力を抜く」という行為は、実は準備に他ならない。合気に達した方々がいう「力を抜け」とは、意味が異なるのだ！　これを今まで混同してきたのだ。だから以前にも「準備したらアカン」などと口でいってはきたが、その本当の意味がつかめていなかったのだ。それをいわば分かりやすい方法にて解決して下さったのが、関東某市の先生だった。

何の脈絡もなく、ただ上げる。型の意味。0・5秒の突破。真の今での動き。無念無想。そして常識の掟を、破ること。それらが今こそ、一つに繋がり纏まった。

ただひたすら
今今今の
今の日生きよ
過去は及ばず
未来は知れず

中村天風先生関係の本には必ず出てくるといってよい、有名な天風先生の歌。

では次章にて、この私の気づきと、かつての植芝翁や現在の保江邦夫先生が説かれる「愛」がいったいどのように繋がるのかを語ろう。

準備なき心が生みだす準備なき動き……。

帰宅し、数回にわたり嫁を割り箸で上げながらそれを説いた。理解した彼女は、同じく私を上げた。割り箸で、何回も、何回も。

終章　愛とは？

敵との戦いにおいて。たとえば拳撃。力一杯、殴る！　むろんそこには「殴る」準備が、ある。

「殴ったる！」

そう思ったが最後、これ以上素晴らしい準備がまたとあるだろうか。当然、その意識の準備は直ちに己の腕に拳に伝わる。

渾身のパンチを、敵は受け損じた！

「しめた！」

この場合、敵の筋肉が充分に鍛え上げられていれば、その筋肉に跳ね返される。そして自分のパンチの威力が敵のそれを上回れば、敵の骨がバキッと折れる。

「それでは駄目だ！　俺は合気の修行者なのだ。敵をも愛さなければ！」

どうしてどうして、これも立派な準備であるということに、炭粉は気がつかない。その意識の準備は直ちに腕に伝わり「力を抜きましたよ。私はこんなにあなたを大切に思っています」的ふにゃふにゃパンチは幸運にも敵のブロックをかいくぐり、敵の腹にヒット！

「何じゃお前、やる気あるんかいッ！」

そして…ボコボコにされてしまう炭粉良三。チ〜〜ン…（おりんの音）…。

お分かりかと思う。

これが「脱力」の落とし穴なのだ。準備しての脱力など、墓場へのパスポート以外の何物でもない。ならばまだ、準備しての筋力パワーでどちらかが倒れるまで殴り合った方がはるかにマシだ、武道では。

ところで話は飛ぶが、マザー・テレサを御存知だろう。彼女の功績については、私などが今さらごたごたいうまでもない。全身からウジをわかせて路上に放置され、死を待つのみであるインド最下層の男を助けようとしたときの逸話がある。

私が聞いたところによると、その頃まだ資金とてなく、何とか建てたホッタテ小屋に彼を運び、必死にウジを払い体を拭いてやるマザー。そのとき、その男はむしろ驚き、こういったという。

「あなたは何故、こんなことをするのですか」

マザー、答えていわく、

「あなたは私のキリストです！　お救いしなければ……」

このとき、マザーは彼を愛そうとしたのだろうか。

実は私はずっと、そのことが頭に引っかかっていた。そして、今回その解答を得た気がする。

マザーは、決してその男を愛そうとはしていなかった！　愛していたのだ！　だから、彼をキリストだと語ったのだ。

元より神を愛し、キリストを愛するマザーが、何故にキリストを「愛そう」とする必要があるのか。いわんや「だからあなたを愛しているのですよ」とわざわざ口に出す必要があるのか。

これも聞いた話だが、アメリカでは夫が妻に「愛しているよ」と日に三回いわなければ、離婚の対象になるそうだ。おそらく冗談だとは思うが、ひるがえって我が国では普通、夫はそんなことは妻には滅多に（あるいは一生）いわない。それ以外のことでも本来「黙っている」ことが男の美徳とされてきた国なのだ。

この日本の文化に、私は合気の片鱗を見る思いがする。

どんなに素晴らしい言葉であったとしても、それを口に出して（あるいは文章にして）しまえば、ある意味、嘘なのだ。論理のフィルターを通してしまっているからだ。それで上手くいっているのならよい。しかし世にいわれるように「日本人も自分の意見をしっかり持って、積極的に発言せよ」とのことを遵守すれば、違う意見の者と摩擦や衝突を起こすのは必定なのだ。イデオロギー闘争など、その最たるものだと私は思っている。

何だか、合気上げに似ていると思われないだろうか。即ち、全てが意識準備の下に行われる行為なのだ。だから、ぶつかる。

意見を持つのはよい。けれど、主張する必要などない。少なくとも合気の技を顕現させたいと希求する者達の稽古の場では……。

準備の意識のない技。

それはいいふるされた言葉だが、「無念無想」即ち何も考えていない動きであろう。

何も考えないことが「愛」。

それは単に、そこに敵意がないからではない。前述したように、たとえ素晴らしいことであったとしても「〜しよう」（この場合は「愛そう」）と意識が準備した瞬間に、実はそれは「憎もう」とするのと同じことなのだ、準備を行うという意味において。

「中庸の美徳」だと？

どっちつかずのいい逃れと、私も長い間思ってきた。しかし今、中庸とはどっちにもつかない真ん中という意味ではないことに気づいた。それはあらゆる偏り（準備）から意識が自由であることを意味するのだと、思い至った。

そのときに期せずして立ちのぼる状態こそが、おそらく「愛」なのだ。この意味で、真に合気と同義である。

重ねていうが、決して「愛そう」とするのではない（ボコボコにされるだけ）。愛は自ら、立ちのぼってくるものなのだ。

だから、マザー・テレサはきっと、誰よりも意識から自由だったに違いない。いつでもどこでも、愛そのものだったのだ。

イエス・キリストは「愛し合いなさい」といった。決して「愛そうとしなさい」とは、いわなかった。

中庸の美徳の真の意味
黙ることの美徳の真の意味（即ち以心伝心の活用）
無念無想の状態の真実
愛の状態の真実

それら難解な命題がもし、準備しない意識とそれによる準備なき動きを指し示しているとしたら、ことによると我々日本文化圏の者には我々が思う以上に案外、身近な境地なのかもしれない。

その境地を我が物とできたとき、我がパンチは相手の身体のシンクロ運動を促すだろう。

愛そうとするのではない。それが結果として、愛なのだ。

「どんなに素晴らしいことでも、論理のフィルターを通してしまえば、ある意味嘘だ」

と書いた。さすれば我が拙文もまた然り、ということになる。その矛盾を避けるためにこそ、昔の極意書には歌が詠まれていただけだったのだ。

分かる人には、分かる。

分からない人には、分からない。

それでよいのかもしれないし、だいいち、私、炭粉良三にはそんな深遠なる歌を詠む力など、とてもじゃないが、ない。さらにいえば、自分の論が正しいなどと主張することは、それこそぶつかりを招くだけだ。そんな気は、更々ない。

ただ、今まで書いてきた拙い説明を聞いてくれた嫁が割り箸で私を頻繁に上げられるようになったことだけは、事実なのだ。私も、劇的に変化しようとしている。

他にも合気を希求する人達にとって、これが同じく一助になれれば……と、ただそれだけを願っている。

後日談

サンケイホールブリーゼ。

大勢のファン達がすでに集まっている。といっても、私より年輩の方々がほとんどだ。それにしても……無骨な武術家である自分が、年に何度か音楽のコンサートなどに出向くようになったとは……自分でも驚きである。

「山本潤子コンサート ― やさしい時間 ―」と銘打たれたそのコンサートの会場入口付近に立ち、私は一年半前の出来事を思いだしていた。

「まだそれだけしか時が経っていないのか。もう、十年も前のことのように感じられるのに……」

「昭和町ドリーム」(『合気解明』98頁)の発火点、そう、あの出来事が起こったのも、ここサンケイホールブリーゼだった。

知り合いに会いたくない一心で壁に向かって屈み、チケットを出そうとしたその瞬間。

「あの～…十両さんにいはった人ちゃいますやろか」

まだ面識もなかった川畑さんが背後から近づいてきて、突然そう声をかけてくれたっけ。それから実に色々あったなあ。すっかり川畑さんとも仲良くなり、十両さんの常連の仲間入りを果たし、そうそう、その十両のマスターと喧嘩別れになりそうになった（『合気真伝』57頁）こともあったなあ……。

行き交う年輩のファンの人達の姿。そこに自分の知り合いの姿はない。もちろん、あのときの川畑さんの姿も。ガヤガヤとした雰囲気の中、しかしそれとは裏腹に、私の心は妙に静まり返っている。

ひょっとして、少し寂しいのかなあ……。

壁に向かって、しゃがんでみる。

「……」

そしてチケットを出す真似をしてみる。

「……」

おい、川ちゃん！　どれくらい待たせるねんッ！

「ゴメンゴメン、遅れたわ～」

「ほんまにも～、こんな格好でじ～っとしてたら、変な人や思われるやんか！」

思わず立ち上がっていった。

「ほな、やろか！　炭さん、もいっぺん壁に向いてしゃがんで。え～と…アノージュウリョウサンニイハッタヒトチャイマスヤロカー……」

「おいオバハン！」

「なんやねんオッサン！」

「コンピューターかいッ！　棒読みやんか！」

「そんなんいうたかて、アタシャ役者やないねんで！」

なるほど、そりゃそうだ（笑）。

「そやけど、いくら事前に打ち合わせしててもアカンねえ。あんときみたいにすんなりいかへんわ！」

本当だ。

実は今回のコンサートで、去年我々が劇的に（？）会ったシーンをおちょけて再現しようと、川畑さんと約束していたのだ。そして、いくら準備したって、ダメなのだ。

準備など一切なかったからこそ、非接触合気が発現したのだ、あのときも。

「準備しない心かぁ……」

「え？　何それ」

「いや……何でもあらへん何でもあらへん」

「炭さん、大阪弁バカにしてるやろッ（怒）！」

「してへん、してへん（笑）」

バカになんか、するわけがないじゃないか、川畑さん。

「さあ、川ちゃんの同期のお友達の歌、聴きにいこう！」

後書きにかえて

それでも、まだまだ流浪は続く。

私は自分の性格の至らなさゆえに、仲間達から離脱した。また、岡山の稽古にも、以前にも増して出席はできなくなるだろう。

流浪とは、本当に過酷なことなのかもしれない。けれども、またこうも思う。たとえ仲間達の元へ戻ったとしても、終章にて書いたように、拙文を書くということ自体が実はまだまだ流浪なのだと。

しかしながら、保江邦夫先生のお力添えあってこその執筆だった。むろん、その他にも力になって下さった方々は、我が一連の著書に登場して下さった方々だけではない。それどころか、夥しい方々のお力添えがある。否、それればかりか中村天風先生のような素晴らしい方からも……まさに時空を超えて非常に大切なことを、その御遺徳や御遺品から学ばせていただけたのだ。

何と幸せなことだろう。

私はだから、合気探究をしておられるおそらくは少なくないであろう方々にとって、単なる狂言回しに過ぎない。

すでに達した方もおられよう。炭粉良三の愚行を、静かに笑って見ておられることだと思う。そして、これから達そうとされる方々もまたおられよう。幾ばくかの参考になればよいのだが……。

さらに、「へー、そんな不思議なことがあるのか。ちょっと面白そう！」と思っていただいた方々もおられるかもしれない。または武術以外のことに応用できないかとお考えの方々も。

そんな方々に申し上げたい。どうかお気軽に私が書いたこと（たとえば割り箸上げ）などを試してほしい。何度失敗したって、いいじゃないですか！　しかし、ふとできることが一度でもあったとき、きっと人生観が変わられよう。

なお、アドバイスを一つ。割り箸は新品を使うのはもったいない。失敗したときのことを考えて、日頃から一度使った割り箸を洗って貯めておくとよい。私も、そうしている。箸を粗末にしてはいけない。

老婆心ながらもう一言付け加えると、上げる途中で我に返ってしまい折れるときがあるが、割り箸は折れると先が尖る場合があるので、怪我のないように。この意味で、初めは鉛筆などを使ったほうがよいかもしれない。

準備しない心でもって導く合気上げは、実は割り箸や鉛筆を使った方が稽古しやすい。その理由は、手首をつかまれるとどうしてもそこに意識がいってしまうからだ。その点、自分の体ではない道具を使うことで、意識活動を軽減させることができる。力ではないことも一層よく分かると思う。けれども、初心のうちは絶対に指合気上げはしないこと！　指が折れたら大変だ。

最後まで読んで下さり、心から感謝の意を表したい。ありがとうございました。

なお、埼玉県北本市の魂合気研究会・大野朝行先生が原稿を読まれ、素晴らしい感想と御教授を賜った。その中で最も感動した部分を最後に読者に贈り、分かち合いたいと思う。

「植芝先生の気の合気は、触れてからの動きではないのです。ですから、触れてからの動きは、反射神経を目覚めさせなければ、どう動いてもいいのです。動きは合気が決まった後の処理でしかないからです」

「技によって相手が崩れるか崩れないかとかの心配ではないのです」

動き方に、求めることなかれ。
目に見えるものに、惑わされることなかれ。
皆様、どうか、御精進あれかし！

平成二十三年二月七日早朝
炭粉良三　記す

著者：炭粉 良三（すみこ りょうぞう）

1956年兵庫県生まれ。

長く空手の稽古にいそしみ、柔術や活法も習い修める。

2008年3月保江邦夫教授と邂逅、合気の技を目の当たりにし、同年7月その実戦性を知る。同時に合気に治療原理を発見。爾来、冠光寺流活法の完成に向け研究工夫の日々を送っている。

＊＊＊＊＊バウンダリー叢書＊＊＊＊＊

合気流浪 —— フォースに触れた空手家に蘇る時空を超えた教え

2011年3月10日　第1刷発行

発行所：㈱海鳴社　http://www.kaimeisha.com/

〒101-0065 東京都千代田区西神田2－4－6
Tel : 03-3262-1967　Fax : 03-3234-3643
E メール : kaimei@d8.dion.ne.jp
振替口座 : 00190-3-31709

発行人：辻　信行
組　版：海鳴社
印刷・製本：シナノ印刷

出版社コード：1097

ISBN 978-4-87525-278-8

落丁・乱丁本はお買い上げの書店でお取替えください

＊＊＊＊＊＊＊＊＊＊＊＊＊＊＊＊＊＊バウンダリー叢書＊＊＊＊＊＊＊＊＊＊＊＊＊＊＊＊＊

さあ数学をはじめよう

村上雅人／もしこの世に数学がなかったら？　こんなとんちんかんな仮定から出発した社会は、さあ大変！　時計はめちゃくちゃ、列車はいつ来るかわからない…ユニークな数学入門。1400円

オリンピック返上と満州事変

梶原英之／満州事変、満州国建国、2.26事件と、動乱の昭和に平和を模索する動き——その奮闘と挫折の外交秘史。嘉納治五郎・杉村陽太郎・広田弘毅らの必死の闘いを紹介。1600円

合気解明　フォースを追い求めた空手家の記録

炭粉良三／合気に否定的だった一人の空手家が、その後、合気の実在を身をもって知ることになる。不可思議な合気の現象を空手家の視点から解き明かした意欲作！　1400円

分子間力物語

岡村和夫／生体防御機構で重要な役目をする抗体、それは自己にはない様々な高分子を見分けて分子複合体を形成する。これは実は日常に遍在する分子間力の問題であったのだ。1400円

どんぐり亭物語　子ども達への感謝と希望の日々

加藤久雄／問題行動を起こす子はクラスの宝——その子たちを核にして温かいクラス作りに成功！　不登校児へのカウンセリング等で、復帰率8割に達するという。1600円

英語で表現する大学生活　入学から卒論まで

盛香織／入学式に始まり、履修科目の選択、サークル活動や大学祭や飲み会など大学生活には多くのイベントが。それらを英語でどう表現するか。英語のレベルアップに。1400円

永久（とわ）に生きるとは　シュメール語のことわざを通して見る人間社会

室井和男／人と人との関係、男女の問題、戦争などの格言から四千年前と本質的に変わらない人間の営みが明らかに。付録にシュメール語文法を収録。バビロニア数学研究者による労作。1400円

合気真伝　フォースを追い求めた空手家のその後

炭粉良三／好評の前著『合気解明』発刊後、精進を重ねた著者にはさらなる新境地が待っていた。不思議な合気の新しい技を修得するに至り、この世界の「意味」に迫る。1400円

はじめての整数論

村上雅人／ここに、数学と無縁の人物（前著『さあ数学をはじめよう』に登場）が、整数論に挑戦。初歩から徐々に整数論の森へと奥深く探検する。わかりやすいと評判の著者による整数論の入門書。2000円

＊＊＊＊＊＊＊＊＊＊＊＊＊＊＊＊＊＊＊〈本体価格〉＊＊＊＊＊＊＊＊＊＊＊＊＊＊＊＊＊＊